O Corpo das Garotas

O Corpo das Garotas

Bate-papo com Jairo Bouer

O Corpo das Garotas

Ilustrações de Adão Iturrusgarai

9ª impressão

PANDA BOOKS

© Jairo Bouer

Diretor editorial
Marcelo Duarte

Diretora comercial
Patth Pachas

Diretora de projetos especiais
Tatiana Fulas

Coordenadora editorial
Vanessa Sayuri Sawada

Assistentes editoriais
Camila Martins
Henrique Torres

Projeto gráfico e edição de arte
A+ Comunicação

Ilustrações técnicas
Fábio Sgroi

Preparação de texto
Ana Maria Barbosa

Revisão
Telma B. Gonçalves Dias
Alessandra Miranda de Sá
Cristiane Goulart
Alexandra Fonseca

Colaboração
Ana Paula Corradini
Fernanda Wendel

Consultoria
Dra. Daniela S. Castellotti
Mestre em ginecologia pela Unifesp, especialista em Reprodução Humana e Infanto-puberal, médica assistente do Instituto Paulista de Ginecologia e Obstetrícia (daniella@ipgo.com.br) Rua Abílio Soares, 1125 - São Paulo - SP

Impressão
Meta

DADOS INTERNACIONAIS DE CATALOGAÇÃO NA PUBLICAÇÃO (CIP)
(CÂMARA BRASILEIRA DO LIVRO, SP, BRASIL)

Bouer, Jairo
O Corpo das Garotas / Jairo Bouer. – 1. ed. – São Paulo: Editora Panda Books, 2004. 92 pp.

ISBN: 978-85-87537-74-4

1. Adolescentes (Garotas) - Crescimento. 2. Adolescentes (Garotas) - Fisiologia - Literatura infantojuvenil. 3. Puberdade - Literatura infantojuvenil. I. Título.

04-4722   CDD:028.5

Índice para catálogo sistemático:
1. Garotas : Puberdade : Literatura infantojuvenil 028.5
2. Puberdade : Garotas : Literatura infantojuvenil 028.5

2022
Todos os direitos reservados à Panda Books.
Um selo da Editora Original Ltda.
Rua Henrique Schaumann, 286, cj. 41
05413-010 – São Paulo – SP
Tel./Fax: (11) 3088-8444
edoriginal@pandabooks.com.br
www.pandabooks.com.br
Visite nosso Facebook, Instagram e Twitter.

Nenhuma parte desta publicação poderá ser reproduzida por qualquer meio ou forma sem a prévia autorização da Editora Original Ltda. A violação dos direitos autorais é crime estabelecido na Lei nº 9.610/98 e punido pelo artigo 184 do Código Penal.

SUMÁRIO

Tempo de mudanças, 6

1. O que é o quê?, 9

2. O que está acontecendo?, 19

3. Os seios começam a crescer, 23

4. Chá de bambu, 33

5. Invasão dos pelos, 37

6. Adeus pele de pêssego!, 45

7. Menstruação: ihh... chegou pra mim!, 51

8. A assombrosa TPM, 59

9. Hora de escolher o absorvente, 67

10. Ginecologista não é bicho-papão, 79

11. Toques finais, 88

Sobre o autor, 91

Tempo de

Uma garota morre de vergonha porque se sente superalta, mas seus seios ainda não cresceram. Outra foge todo mês da aula de educação física porque tem medo que os meninos descubram que está menstruada. Uma terceira acha que seu quadril é muito largo e não sai de casa sem um casaco amarrado na cintura. Você já ouviu histórias parecidas na sua escola ou entre as suas amigas? Pior? Você vive uma dessas histórias na própria pele? Se isto serve de consolo, tranquilize-se: este não é um privilégio seu – nem das suas amigas.

Toda garota passa por um período em que parece que o mundo fica de cabeça para baixo: de uma hora para outra, o corpo começa a mudar sem muita explicação, e raramente é do jeito que se gostaria que fosse. Algumas coisas crescem demais; outras, de menos. A menstruação vem muito cedo ou demora uma eternidade para dar o ar da graça. A pele lisinha começa a ser invadida por cravos e espinhas, e seus pelos (aqueles que você nem percebia que tinha) parecem tomar conta das suas pernas. Isso sem contar as

Mais cedo ou mais tarde, o corpo acaba entrando num acordo e as coisas chegam a um equilíbrio razoável.

mudanças

possíveis estrias, o cabelo oleoso demais, o suor que parece ter o cheiro mais forte do mundo...

Apesar de soar como mentira, acredite: nada disso é motivo para pânico e, tenha certeza, vai passar. Mais cedo ou mais tarde, o corpo acaba entrando num acordo e as coisas chegam a um equilíbrio razoável. Mas, até lá, a dica é tentar não se preocupar tanto e aprender mais sobre o que está acontecendo com o seu organismo. Quanto mais você entender como funciona o seu corpo, menos grilos vão aparecer por aí. Já que as mudanças não vêm com um manual de instruções, este livro tenta dar um apoio para que você passe por este turbilhão de novidades de forma um pouco mais tranquila.

Jairo Bouer

Uma viagem por seu corpo

Para entender como funciona o turbilhão de mudanças que vem com a adolescência, o primeiro passo é conhecer o próprio corpo. Neste sentido, os meninos levam vantagem sobre as meninas: pela própria anatomia masculina, é muito mais fácil para eles enxergarem os seus órgãos sexuais externos. Resultado: os garotos sabem muito bem onde está o pênis, o que são os testículos... Já a maioria das garotas sabe que tem uma vagina, grandes e pequenos lábios, um clitóris... Mas quantas realmente têm conhecimento sobre onde está tudo isso?

Alguns órgãos sexuais, por estarem no interior do corpo, não podem ser vistos a olho nu. São os chamados órgãos sexuais internos – é o caso dos ovários, do útero e das tubas uterinas. Porém, os órgãos externos podem ser conhecidos com a ajuda de um espelho. E essa não é uma má ideia! Que tal se, antes de continuar a ler, você desse uma olhada geral no seu corpo para saber melhor do que vamos falar daqui para a frente?

Se você se sentar com as pernas afastadas e posicionar um espelhinho entre elas, poderá ver os grandes lábios, os pequenos lábios, o clitóris e a vagina – esse conjunto todo se chama vulva.

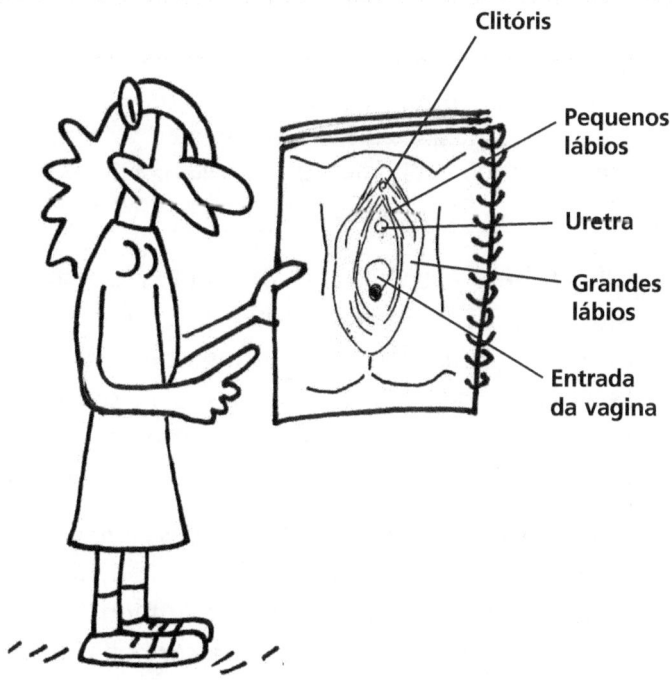

Do lado de fora

Antes de começar a identificar o que é o quê no seu corpo, vale a pena lembrar de uma coisa: nenhuma pessoa é igual à outra. Por isso, os seus órgãos podem ser um pouco diferentes do que os mostrados na ilustração – a entrada da vagina pode estar um pouco mais para a frente ou um pouco mais para trás, o seu clitóris pode ser um pouco maior ou menor, e por aí vai...

Monte de Vênus – também chamado de "monte pubiano", é a parte mais externa da vulva, onde vai crescer a maioria dos seus pelos pubianos. O Monte de Vênus é formado por uma camada de gordura, que protege o osso púbico e funciona como uma "almofada" durante o ato sexual.

> O nome foi dado em homenagem a Vênus, a deusa grega do amor.

Grandes lábios – se você colocar a mão para baixo do Monte de Vênus, vai perceber que a parte "gordinha" continua, formando duas dobras de tecido. Estes são os grandes lábios vaginais. Também são cobertos por pelos no lado de fora e sua função é proteger a área interna da vulva e mantê-la úmida.

Pequenos lábios – ao afastar os grandes lábios, dá para ver mais duas dobras de tecido. Essas não têm pelos e normalmente ficam bastante úmidas. Os dois lábios geralmente se ligam e sua cor pode variar do rosa ao castanho. Os pequenos lábios estão aí para proteger a entrada da vagina e a uretra.

Clitóris – na junção superior dos pequenos lábios fica o clitóris, o único órgão humano que serve exclusivamente para o prazer sexual e o que tem maior concentração de fibras nervosas. Por isso a área é tão sensível e serve praticamente como "gatilho" para o prazer sexual feminino. A maior parte do clitóris fica escondida debaixo dos pequenos lábios. Do lado de fora fica apenas uma saliência mais ou menos do tamanho de uma ervilha.

> No começo da gravidez, os meninos e as meninas são anatomicamente iguais. Só na quinta semana é que começam a se diferenciar. A parte que vira o clitóris nas garotas transforma-se na glande (cabeça do pênis) dos rapazes.

O QUE É O QUÊ?

Pergunta: Morro de vergonha de tomar banho na frente de outras pessoas. Meus lábios vaginais são muito estranhos: os pequenos são maiores que os grandes, e uma parte deles fica aparecendo. Tem como arrumar isso?

Resposta: Para começar, saiba que não tem nada errado com os seus pequenos lábios. Várias mulheres têm os pequenos lábios maiores do que os grandes lábios, e eles podem aparecer mesmo. Não tem nada para ser arrumado aí! O tamanho dos pequenos lábios varia de uma mulher para outra: algumas têm os lábios bem pequenos, e outras, muito grandes. Outra coisa que costuma gerar muita preocupação nas meninas é que um lábio é maior do que o outro. Isso também pode acontecer.
O nosso corpo não é exatamente simétrico: se você reparar bem, uma de suas mãos é um pouco maior que a outra; uma orelha é diferente da outra... Com os lábios vaginais acontece o mesmo: um pode ser um pouco maior do que o outro.
Nos casos em que a mulher está extremamente insatisfeita com a aparência estética dos seus lábios vaginais, ela pode checar com o ginecologista se há necessidade de alguma intervenção cirúrgica.

Uretra – um buraquinho bem pequeno que fica próximo ao clitóris é a uretra, o canal que liga a bexiga ao exterior, por onde sai a urina.

Entrada da vagina – é a maior abertura da sua vulva. É por aí que acontece a penetração vaginal durante o ato sexual e por onde nasce o bebê no parto normal. Dos dois lados da entrada da vagina ficam as glândulas de Bartholin. Elas produzem uma secre-ção parecida com a saliva.

Hímen – a famosa membrana que causa tanto transtorno para algumas garotas fica na entrada da vagina. Muita gente relaciona o hímen à virgindade, mas isso é um grande engano. Sabe por quê? Porque apesar de a grande maioria das garotas ter essa pele bem fininha na vagina, algumas meninas sequer nascem com hímen – o que não quer dizer que não sejam virgens. Quer mais um motivo? Alguns tipos de hímen são mais "elásticos e resistentes" – são os chamados hímens complacentes – e, mesmo com a penetração, podem não se romper.

Pergunta: Uma amiga minha disse que o hímen dela não tem abertura e que vai ter de fazer uma operação para retirá-lo, senão a menstruação não tem por onde passar. Pode acontecer isso mesmo?

Resposta: Apesar de ser muito raro, algumas garotas podem mesmo nascer com um hímen sem perfuração. Em geral ele tem uma abertura (é o tipo anular) ou várias pequenas perfurações (hímen cribiforme). Quando acontece de a garota ter um hímen imperfurado, ela realmente precisa fazer uma pequena cirurgia para que o fluxo menstrual possa sair do seu corpo.

O QUE É O QUÊ?

Teste

Qual a origem da palavra "hímen"?
  a) Era como os árabes chamavam as virgens na Antiguidade.
  b) Do deus grego Hímen.
  c) De selos de cartas, em hebraico.
  d) Do latim himineu, que significa "lacre".

Resposta: b) Do deus grego Hímen.
Na mitologia grega, Hímen era a denominação do deus do casamento. Não se sabe ao certo por que ele recebeu esse nome, já que hímen vem da palavra hymen (membrana). Nas núpcias gregas era costume que todos entoassem o refrão: "Hímen, ó Hímen", para pedir proteção à união.

Períneo – é a região entre a entrada da vagina e o ânus.

Ânus – já não faz mais parte da vulva. Esta abertura pertence ao seu sistema digestivo. O ânus é o final do intestino grosso, e é por ele que as fezes são eliminadas.

Do lado de dentro

Você não vai conseguir enxergar seus órgãos sexuais internos nem com a ajuda do espelhinho. Então, é mais fácil tentar imaginá-los olhando para a ilustração.

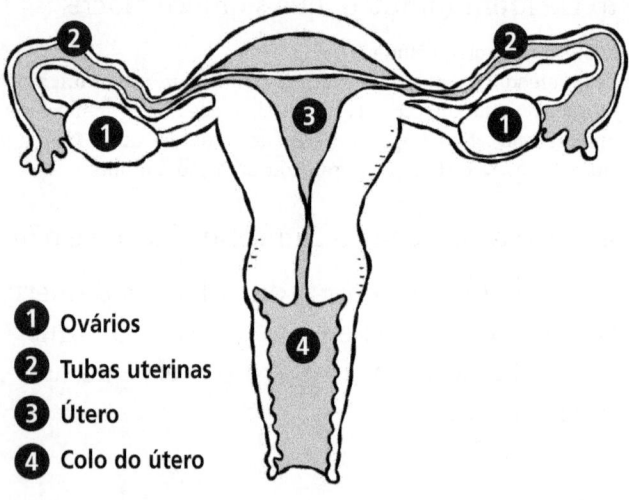

1 Ovários
2 Tubas uterinas
3 Útero
4 Colo do útero

Ovários – cada garota tem dois ovários, responsáveis pela produção dos hormônios femininos (estrógeno e progesterona). Os ovários são mais ou menos do tamanho de uma uva, e cada um pesa aproximadamente sete gramas. É neles que ficam armazenados os óvulos. Todo mês, um deles amadurece e sai do ovário. Se ele for fecundado por um espermatozoide, acontece a gravidez. Caso contrário, ele chega ao útero e se desintegra ou pode ser absorvido na cavidade pélvica.

O QUE É O QUÊ?

Tubas uterinas – são dois canais que servem de passagem para o óvulo sair do ovário e ir para o útero. É dentro delas que ocorre a fertilização (encontro do óvulo com o espermatozoide).

> Ao contrário do que muita gente pensa, as tubas uterinas não são grudadas nos ovários: elas têm uma espécie de franja que envolve parte dele. As tubas são móveis e se movimentam para capturar o óvulo e conduzi-lo ao útero. A movimentação é mais intensa no período da ovulação, apesar de acontecer constantemente durante todo o mês.

Útero – é no útero que o feto se desenvolve durante a gravidez. Ele é um órgão feito de músculos muito fortes e elásticos, capazes de se esticar bastante durante a gestação (lembre-se de que ele precisa comportar um bebê inteiro!) ou se contrair muito para expulsar o sangue menstrual ou o bebê na hora do parto. O tamanho do útero nas garotas mais novas é semelhante ao de uma ameixa. Com o tempo, ele cresce até chegar ao tamanho de uma pera. O útero também tem muitos vasos sanguíneos e muitas glândulas.

Colo do útero – é a entrada do útero que tem contato com a vagina. Essa parte tem uma pequena abertura que fica a maior parte do tempo fechada: só se abre um pouco para que saia o fluxo menstrual. A única vez que ela se abre totalmente é para o bebê nascer, no caso de parto normal. É pelo colo do útero que também entram os espermatozoides para que ocorra a fecundação do óvulo.

Vagina – é o canal que liga o útero ao exterior. A vagina tem paredes feitas de músculos muito elásticos, que podem se esticar bastante e depois voltar ao formato inicial. Afinal de contas, o órgão deve estar preparado para a passagem de um bebê na hora do parto! Durante a relação sexual, a vagina também pode se expandir para que a penetração ocorra. A mucosa vaginal geralmente é bastante úmida e quente, o que é motivo de vigilância constante: isso pode propiciar o surgimento de fungos, bactérias ou protozoários que causam corrimentos e infecções vaginais.

O polêmico ponto G

Uma das partes do corpo feminino que mais gera polêmica é o chamado ponto G. Os médicos ainda não chegaram a um consenso sobre a sua existência: alguns dizem que não passa de um mito, outros defendem que o ponto G é uma área dentro da vagina que, quando estimulada, daria muito prazer à mulher. Essa região estaria localizada na parte superior da vagina (mais perto da barriga), a aproximadamente cinco centímetros da entrada. O ponto G teria o tamanho de um ou dois grãos de feijão e sua textura seria um pouco mais rugosa do que o restante da parede da vagina. O nome da região é uma homenagem ao ginecologista alemão Ernest Gräfenberg, que supostamente teria descoberto o ponto. Para muitos, o ponto G nada mais é do que o prolongamento do clitóris.

CAPÍTULO 2

O que está acontecendo?

Seu corpo definitivamente já não é mais o mesmo.

Descubra como funcionam os grandes responsáveis por essas transformações: os hormônios.

Tudo muito diferente

As coisas andavam muito tranquilas na sua vida: tudo com que você tinha que se preocupar era terminar a lição de casa rápido para poder brincar. De repente, de um dia para outro, aquilo que você gostava de fazer (como pular corda e brincar de pega-pega) fica muito sem graça. Os meninos passam a ser mais interessantes do que eram, e você começa a sonhar com aquele ator ou cantor que está fazendo o maior sucesso. Geralmente, na mesma época dessas mudanças de interesses, vêm também as transformações no seu corpo. Primeiro você passa por uma fase em que cresce como se tivesse tomado uma poção mágica: suas roupas que serviam até outro dia ficam curtas e apertadas. E é raro que esse crescimento repentino e acelerado (o chamado "estirão") aconteça de forma harmônica, como você gostaria que fosse. Quer alguns exemplos de como o estirão causa preocupações com o corpo? As meninas acham que as pernas estão compridas demais, ou finas demais, ou grossas demais... Algumas acham que estão muito magrelas, outras, que o quadril ficou muito largo, e tem ainda as que se consideram verdadeiras "tábuas". O que não faltam são reclamações! O corpo parece que fica desajeitado, desproporcional, e você pode achar que todo mundo tem uma aparência melhor do que a sua. Mero engano! Se você prestar bastante atenção nas outras garotas da sua classe, por exemplo, vai ver que não é a única que se sente um bicho estranho: tem sempre uma menina que demora mais para crescer e acaba sendo a "baixinha" da turma, tem aquela que cresceu mais rápido que as amigas e fica supercomprida, na outra os seios cresceram mais cedo que no restante da turma...

O QUE ESTÁ ACONTECENDO?

O estirão, o crescimento dos seios, o alargamento do quadril e a primeira menstruação são sinais de que você está entrando na puberdade. Tudo isso ocorre, principalmente, por causa da ação dos hormônios de crescimento e dos hormônios sexuais.

O que fazem os hormônios?

Os hormônios são substâncias produzidas por glândulas e têm diferentes funções no organismo. Há hormônios, por exemplo, que regulam algumas emoções, como a sensação de bem-estar, de alegria, de tristeza ou de raiva. Outros funcionam no controle do sono. Há ainda aqueles que controlam os batimentos do coração. Mas os que nos interessam aqui são os que interferem no crescimento e no desenvolvimento sexual.

O hormônio *GH* é o principal responsável pelo crescimento dos ossos e dos músculos – uma de suas funções é estimular a fabricação de proteínas. É produzido pela hipófise, glândula que fica na base do crânio.

> **GH:** esta sigla vem do inglês *growth hormone* (**hormônio do crescimento**).

O *GH* age no crescimento do nosso corpo desde que somos bebês. É na puberdade, porém, que ocorre o pico de sua produção – justamente na fase do estirão.

A hipófise também é responsável por estimular o funcionamento dos ovários, que vão produzir os hormônios sexuais femininos: o estrógeno e a progesterona. O estrógeno é responsável pelo desenvolvimento

> **Dormir bem é importante para crescer**
>
> A maior liberação do hormônio do crescimento se dá durante o sono – normalmente há três ou quatro picos de liberação da substância durante a noite. Por isso, aquela história de que quem não dorme direito não cresce direito não é só papo dos pais que querem mandar os filhos rapidinho para a cama. Dormir bem ajuda mesmo o seu organismo a funcionar corretamente – e isso inclui o crescimento dos seus músculos e dos seus ossos, o que vai determinar a sua altura definitiva.

dos órgãos sexuais e pelas características femininas secundárias, como os pelos e os cabelos. Já a progesterona é um auxiliar do estrógeno, além de ser o hormônio que manda o útero "se preparar" para a gravidez. O aumento da produção desses hormônios na puberdade causa o aparecimento do **broto mamário**, o alargamento do quadril, o afinamento da cintura, o crescimento do útero e da vagina e o surgimento dos pelos pubianos. Depois que você começar a menstruar, estes dois hormônios serão responsáveis pelos ciclos menstruais.

> Os brotos mamários são pequenas saliências que ficam sob os mamilos (a parte mais escura do seio) e são o primeiro sinal de que os seus seios estão começando a se desenvolver.

CAPÍTULO 3

Os seios começam a crescer

O primeiro sutiã também vem cheio de encanações: meus seios são grandes ou pequenos demais? Vale a pena colocar silicone? Como fazer o autoexame? Aprenda aqui.

A vez do sutiã

O aparecimento dos brotos mamários é um dos primeiros sinais de que a garota está saindo da infância e entrando na puberdade. De um dia para outro, embaixo do mamilo, surge uma coisa mais durinha do que a pele. Em seguida, o mamilo começa a se alargar, a ficar mais escuro e mais saliente. A idade em que isso acontece varia muito de uma garota para outra. Aliás, essa é uma regra quando falamos de desenvolvimento do organismo: cada uma tem o seu ritmo, não adianta ficar se comparando com as suas amigas. A única coisa que é parecida para todo mundo é o final dessas mudanças, que geralmente ocorre por volta dos 17, 18 anos.

O broto mamário pode aparecer muito cedo em algumas garotas (ao redor dos 9 anos, por exemplo) ou bem mais tarde em outras (aos 13 anos). Na média, ele surge entre 10 e 12 anos. Depois do broto mamário, as glândulas mamárias começam a se desenvolver. Ao redor delas há uma camada de gordura que serve para protegê-las. A forma e o tamanho da mama vai depender da quantidade de gordura e de glândulas mamárias, além da elasticidade da pele dessa região.

Se os garotos ficam enlouquecidos pensando no tamanho do seu pênis, o tamanho dos seios é um fantasma que ronda o mundo feminino. Nenhuma mulher fica totalmente satisfeita: tem a ala das "queria tanto ter seios maiores", em oposição à ala das "meus seios são enormes e não sei o que fazer com eles". O formato e o tamanho dos seios variam muito: podem ser mais arrebitados, mais redondos, mais ou menos

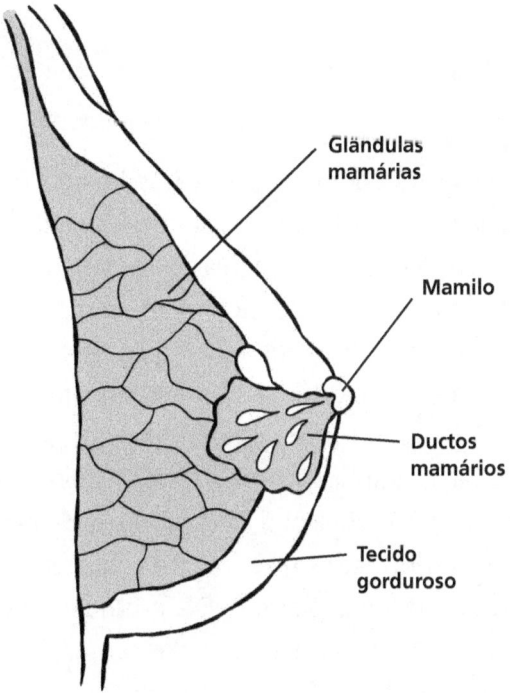

fartos, com mamilos de largura diferente... Uma das coisas de que você não vai ter como fugir é da sua herança genética, ou seja, as características da sua família. Se a maioria das mulheres da sua família tem seios grandes, é mais provável que os seus também sejam assim. Por outro lado, se os seios das mulheres da sua família são mais modestos, as chances de você tê-los grandes são menores. Mas isso não significa que os seus seios serão iguais aos da sua mãe. Lembre-se de que você também tem genes que vêm da família do seu pai e que pode haver traços que você herdou de seus avós ou de parentes mais distantes.

Pergunta: Tenho 10 anos, ainda não menstruei e meus seios são muito grandes. Tem como fazer com que eles parem de crescer?

Resposta: Não há como mudar o crescimento das mamas se você já tem uma predisposição genética a tê-las grandes. O único modo de diminuir o tamanho das mamas é com uma cirurgia plástica. Porém, como você mesma diz, o seu desenvolvimento ainda não está completo – um sinal disso é que ainda não teve sua primeira menstruação. Portanto, o melhor a fazer é ter um pouco de calma e esperar que seu corpo se desenvolva por inteiro, ficando mais harmônico. Só depois disso dá para julgar se o tamanho dos seios é realmente exagerado, a ponto de precisar de uma plástica. De qualquer jeito, antes de optar pela cirurgia você vai precisar consultar um especialista, que vai avaliar sua condição clínica, a forma e o tamanho dos seus seios.

Dicas para quem acha que os seios são grandes demais

É muito comum a gente ver garotas andando curvadas na tentativa de "esconder" os seios que elas consideram grandes demais. Essas meninas podem sentir vergonha do tamanho das mamas e acabam achando um modo (nem que seja inconsciente) de disfarçá-las. Por isso, jogam os ombros para a frente e acabam andando "encolhidas". Essa é uma péssima ideia, que pode render problemas posturais e dores nas costas, nos ombros e no pescoço.

Por isso, preste bastante atenção ao modo como você anda e senta. O ideal é tentar manter a coluna sempre ereta e os ombros retos. Não tenha medo de expor os seus seios e tente reverter a situação a seu favor: o que você considera um defeito pode ser, na verdade, uma parte muito bonita e atraente do seu corpo. Depende do modo como você encara tudo isso.

Outra coisa que deve ser esquecida são os cremes que se dizem milagrosos e prometem diminuir e dar mais firmeza às mamas. Pura lorota! Não há como o creme penetrar na pele e "derreter" a gordura da região dos seios.

Quem pode ser um grande aliado seu é o sutiã. Durante o dia, quando você está normalmente de pé ou sentada, o apoio do sutiã ajuda os músculos que sustentam os seus seios, já que eles "seguram" parte do peso. Isso não vale à noite, quando você estiver dormindo. Outra coisa que pode ajudar é a ginástica para os músculos desta região. O exercício não será capaz de diminuir o tamanho dos seus seios, mas se os músculos ficarem mais fortalecidos, a tendência é que as mamas permaneçam numa posição mais firme no tórax.

Dicas para quem acha que os seios são pequenos demais

Um dos maiores fantasmas das garotas que têm seios menores é que elas não pareçam atraentes. Quer ver como é fácil mostrar que esse medo não tem fundamento? Pergunte para sua mãe ou para sua avó quem era Twiggy. Provavelmente a primeira resposta vai dizer alguma coisa como "era uma modelo muito famosa nos anos 1960". Em seguida, pergunte como era o corpo da Twiggy. Resposta: ela era o que mais se pode chamar de "tábua". Os seios da modelo eram superpequenos. Quer saber mais? Ela foi um dos maiores símbolos sexuais da década de 1960. Nem precisa ir tão longe: se você reparar bem nas atrizes de cinema e nas cantoras famosas, vai perceber que muitas delas, consideradas verdadeiras beldades, têm seios pequenos. Ou seja, nada impede que a dona de um modesto par de seios seja atraente e sensual...

Outro medo das garotas é que, com mamas pequenas, elas não sejam capazes de amamentar seus bebês no futuro. Mais uma conversa para boi dormir! Durante a gravidez e logo após o parto as mamas crescem e as glândulas mamárias (que produzem o leite) aumentam. A quantidade de leite de uma pessoa com mama pequena não difere muito de uma pessoa que tem mamas mais volumosas. Pode deixar que o seu corpo vai dar conta do recado quando chegar a hora!

Não vale se preocupar por causa de modismos!

Os padrões de beleza variam muito de lugar para lugar e de acordo com a época. Uma hora o bacana é ter cabelos hiperlisos. No ano seguinte, é a vez dos cabelos encaracolados. A mesma coisa com roupas, sapatos, maquiagens, esmaltes... A lista é interminável! Isso se chama modismo: ou seja, o que está fazendo sucesso hoje pode estar totalmente fora de moda amanhã. Uma das vítimas desse modismo é o corpo feminino, principalmente o tamanho dos seios.

Nos últimos tempos, a gente tem vivido no Brasil uma verdadeira febre do silicone. Isso tem colocado o país entre um dos que mais faz cirurgias plásticas no mundo. Mas deve-se pensar um pouco mais sobre o assunto: até que ponto vale a pena aumentar os seios? Será que realmente é necessário ou a gente já está passando dos limites do exagero?

A operação plástica não deixa de ser uma intervenção cirúrgica que, além de custar caro, precisa ser acompanhada de muitos cuidados, já que apresenta alguns riscos. A adolescência também não é o período indicado para fazer uma plástica, já que o corpo da garota ainda está se transformando – a cirurgia pode interferir no desenvolvimento natural.

Um último toque: e se daqui a algum tempo o modismo de seios fartos passar? Nada garante que nos próximos anos não serão os seios pequenos e discretos que farão mais sucesso...

Dicas para todos os tipos de seios

Tem algumas coisas que enlouquecem as garotas, independentemente do tamanho e da forma dos seus seios. Uma delas é o surgimento de estrias nas mamas. Se o crescimento da mama ocorrer rapidamente, pode acontecer de as fibras de colágeno da pele se romperem. Isso causa uma espécie de "listra" no local, que primeiro é arroxeada e depois fica mais clara. Não tem muito o que fazer em relação a isso, já que não dá para diminuir o crescimento dos seios. As estrias podem aparecer até nas meninas que tenham as mamas pequenas. A preocupação, neste caso, é simplesmente estética, pois as estrias não interferem no seu crescimento nem causam dor ou desconforto na região.

Algumas adolescentes também se incomodam com o surgimento de pequenos pelos ao redor dos mamilos ou entre os seios. Não é recomendável depilar ou raspar essa área, já que ela é muito sensível. Como geralmente esses pelos aparecem em quantidades pequenas, podem ser removidos com o auxílio de uma pinça. Mais uma vez, a preocupação aqui é com a aparência, pois esses pelos são comuns (não tem nada de errado se crescerem nessa região) e não atrapalham em absoluto a sua saúde.

Outra coisa muito comum nesta fase é uma mama ficar maior do que a outra. Elas podem crescer em ritmos diferentes. O tamanho dos seios tende a se equilibrar no final da puberdade. Mas não se espante se um ficar maior do que o outro: o nosso corpo não é totalmente simétrico. Lembra que a gente falou disso quando estava descrevendo os lábios vaginais? Pois então, com os seios a história se repete...

O último toque sobre seios é um assunto mais sério: câncer de mama. Este é o tipo de câncer que atualmente mais afeta as mulheres no Brasil. Apesar de a maioria dos casos acontecer depois dos 25 anos, é bom você se familiarizar com os seus seios desde cedo, encarando-os de uma forma natural, e aprender a fazer o autoexame – por meio dele você pode perceber se há algo errado nas suas mamas. Quanto mais cedo o problema for detectado, maiores serão as chances de cura. Você pode se examinar em frente do espelho, durante o banho ou quando estiver deitada. O ideal é fazer o exame todos os meses, após o período menstrual, já que nesses dias os seios podem estar mais inchados ou doloridos. Levante o braço do seio a ser examinado e, com a outra mão, apalpe-o cuidadosamente. Sinta se não há nenhum carocinho na mama: em caso afirmativo, vá ao médico! Ele vai fazer novos exames para conferir se o problema é sério ou não.

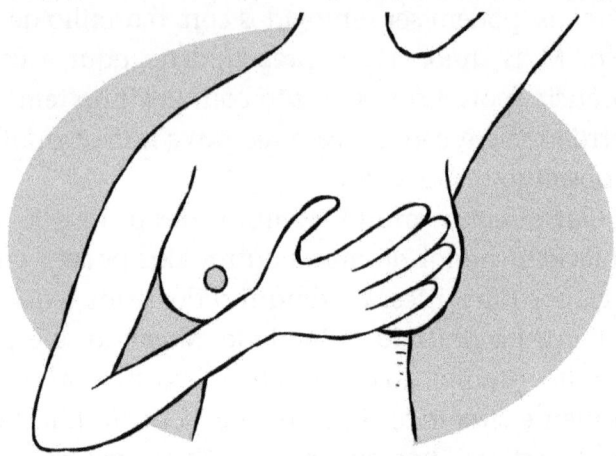

Com a ponta dos dedos, faça os movimentos indicados pelas setas:

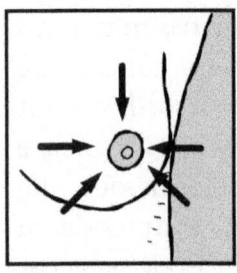      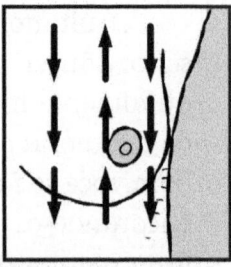

De fora para dentro   **Circular, em volta do mamilo**   **De cima para baixo e de baixo para cima**

CAPÍTULO 4
Chá de bambu

Tem hora que parece que a gente nunca vai parar de crescer.

E mais mudanças vêm por aí: os quadris ficam mais largos, a cintura afina... mas tudo fica proporcional.

Para o alto e avante!

Se você ainda não está cansada de ouvir brincadeirinhas do tipo "andou tomando chá de bambu?", pode se preparar... As pessoas mais velhas que ficam algum tempo sem ver as garotas que estão entrando na puberdade geralmente levam um susto quando as encontram e percebem que, de uma hora para outra, a garota está se transformando numa mulher. Um sinal muito claro disso é o estirão.

De maneira geral, o estirão começa no ano anterior à primeira menstruação. É o período em que os jovens crescem com mais rapidez. No caso das meninas, isso significa mais ou menos de 11 a 12 centímetros no ano que antecede a primeira menstruação e, nos dois anos seguintes, de sete a oito centímetros em média. Esses números podem variar, mas a regra é, depois de a menina começar a menstruar, o ritmo do crescimento cair bastante. Decorridos uns três anos da primeira menstruação, é provável que o crescimento esteja completo, pois os hormônios sexuais produzidos em maior quantidade tendem a "fechar" as zonas de crescimento dos ossos longos.

Assim como o tamanho dos seios, a altura está intimamente ligada à genética. Jovens com pais baixos têm poucas chances de ser altíssimos – assim como filhos de pessoas altas não devem ser muito baixos. Dá para ter uma idéia aproximada da altura esperada para a filha sabendo a altura dos pais. É só somar a altura do pai com a da mãe e dividir por dois. Depois, desconte dez centímetros. Mas lembre-se: esse é um cálculo aproximado, que pode apresentar variações.

Não se preocupe se, na fase do estirão, o corpo parecer desproporcional. Isso é comum e, no final da puberdade, as medidas ficam mais harmônicas. Um exemplo claro é o tamanho dos pés: como eles param de crescer antes que você atinja a sua altura final, por um tempo pode parecer que são muito grandes para você. É só ter um pouco de paciência que isso acaba se acertando. O mesmo pode acontecer com os braços, as mãos e as pernas.

A alimentação interfere no crescimento?

É comum ouvir reclamações de adolescentes que queriam ser mais altas. Volte a pensar sobre o que já dissemos sobre os modismos! A maioria das pacientes que aparecem nos consultórios médicos em busca de alguns centímetros extras não apresenta nenhum problema de saúde: a sua altura está de acordo com sua herança genética.

No entanto, um fator pode ser importantíssimo para que você cresça: a sua alimentação. A falta de proteínas, vitaminas e sais minerais (como o ferro e o cálcio) pode fazer um grande estrago. Preste bastante atenção no que você tem ingerido: guloseimas como pizza, chocolates e refrigerantes podem ser gostosas, mas pouco nutritivas. Como nenhum alimento é completo, o ideal é equilibrar as refeições. Coma um pouco de tudo: cereais, grãos, carnes, verduras, legumes, frutas, ovos e leite.

Quadris largos e cinturinha de pilão

Outra mudança no corpo das garotas é que a cintura começa a afinar, enquanto o quadril passa a ficar mais largo. Esta é uma das diferenças básicas entre o corpo dos rapazes e das garotas: as curvas. A mulher tende a acumular mais gordura na região das coxas, dos glúteos e do quadril, o que deixa esta parte do corpo mais volumosa do que nos homens. No começo da puberdade, com a maior produção de hormônios sexuais, essas diferenças ficam mais claras. Durante a infância, os meninos e as meninas têm a cintura e o quadril mais retos.

Muitas garotas se queixam do excesso de gordura nos quadris – os famosos culotes. Uma alimentação balanceada, com pouca gordura, e a prática de exercícios podem ser boas aliadas no combate aos culotes.

Malditas estrias

Assim como nas mamas, é comum que surjam estrias nas coxas, nos glúteos e logo abaixo da cintura da garota. Elas acabam se tornando mais visíveis no corpo de garotas com a pele mais escura.

Não há muito a fazer com as estrias causadas pelo crescimento. Para evitar futuras estrias é preciso manter o peso razoavelmente regular. O ganho rápido de uns quilinhos pode agir do mesmo modo que o crescimento – para acomodar o volume extra, a pele precisa se esticar, podendo haver rompimento das fibras elásticas.

CAPÍTULO 5

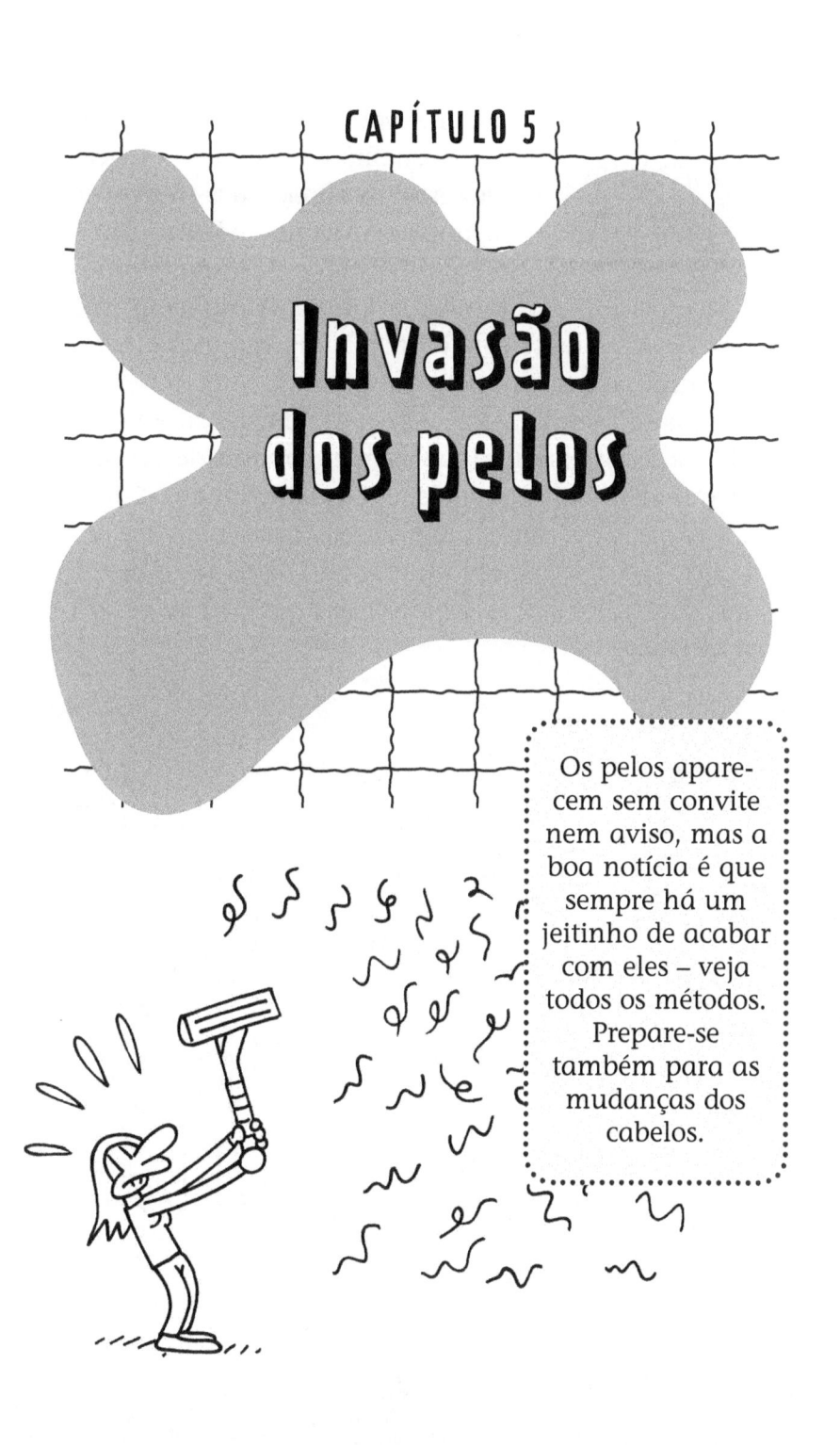

Invasão dos pelos

Os pelos aparecem sem convite nem aviso, mas a boa notícia é que sempre há um jeitinho de acabar com eles – veja todos os métodos. Prepare-se também para as mudanças dos cabelos.

Assunto cabeludo

Se antes você nem percebia os pelos fininhos espalhados pelas pernas, agora eles estão por toda parte! Talvez se você morasse num país nórdico, como a Suécia, eles não causassem tantos transtornos, já que lá as mulheres não têm o hábito de se depilar. Mas no Brasil, as mulheres não gostam de pelos pelo corpo!

Os primeiros pelos que começam a dar sinal de vida são os pubianos (que cobrem o monte de Vênus e os grandes lábios vaginais) e os que ficam nas axilas. Os pelos das pernas e dos braços podem engrossar um pouco e aumentar em quantidade. Mais uma vez, o que determina se você terá poucos ou muitos pelos será a genética.

Tem ainda alguns pelinhos mais finos e claros que podem aparecer em lugares indesejados. São uma espécie de penugem que pode invadir as costas, a barriga, os seios, a área em cima dos lábios e outras partes do rosto. Antes de depilar esses pelos, o ideal é conversar com um dermatologista para saber qual a melhor alternativa para eliminá-los. Como essas regiões são muito sensíveis, é grande a chance de a pele sofrer um processo de irritação depois da depilação, da raspagem ou da descoloração dos pelos.

Sinal de alerta

Os pelos geralmente são mais um incômodo estético do que um problema de saúde. Mas há alguns casos em que o aparecimento repentino e exagerado deles pode indicar um desequilíbrio hormonal. Nessa situação, o ideal é procurar ajuda de um médico para checar se sua saúde está em ordem. Quando há o desequilíbrio hormonal, paralelamente ao excesso de pelos que aparece de uma hora para outra, a quantidade de espinhas pode crescer, além de o ciclo menstrual ficar desregulado. A pele pode ficar mais oleosa e o peso pode aumentar.

Como se livrar deles?

Você sabia que desde os tempos do Egito Antigo as mulheres já se depilavam? Isso mesmo: a rainha Cleópatra usava uma cera à base de mel, limão e água para se livrar dos pelos. Hoje existem várias opções para você depilar suas pernas, virilhas e axilas. Todas têm vantagens e desvantagens.

CERA

Descrição: Você passa uma camada de cera no local. Em seguida, puxa a cera – os pelos são arrancados pela raiz junto com ela. No caso da cera quente, a massa é colocada na pele e retirada assim que esfria e endurece. A cera fria é aplicada numa faixa de papel ou de tecido. A depilação com cera pode ser feita em casa ou em um instituto de depilação.

Vantagens: Como o pelo é arrancado pela raiz, ele demora mais para crescer (de 15 a 20 dias, em média). Com o tempo, acaba ficando mais enfraquecido e mais fino.

Desvantagens: A depilação dói. Quando os pelos começam a crescer eles podem encravar – o que causa coceira e irritação na pele. Se você optar por fazer a depilação em casa, esteja preparada para a bagunça e a sujeira. Se for num estabelecimento, esteja sempre atenta à higiene do local (alguns salões reutilizam a cera sem a devida higienização, o que pode causar alergias e transmissão de doenças de pele).

LÂMINA DE BARBEAR

Descrição: Você raspa os pelos com uma lâmina de barbear.

Vantagens: É rápido, prático, barato e não dói.

Desvantagens: Os pelos crescem rapidamente – a pele só fica com o aspecto "lisinho" por um ou dois dias após a depilação. Não é indicado para meninas que tenham pelos em grande quantidade ou muito grossos, pois eles podem ficar com aparência de mais grossos ainda depois de serem raspados. Em alguns casos, os pelos podem encravar, causando coceira e irritação na pele.

CREMES DEPILATÓRIOS

Descrição: Você passa o creme na região a ser depilada, deixa o tempo indicado pelo fabricante e depois limpa a área. Por meio de uma reação química, o creme "quebra" o pelo na altura da pele.

Vantagens: Não dói.

Desvantagens: O creme pode causar alergia em peles mais sensíveis e por isso precisa ser testado antes numa pequena região. Os pelos voltam a crescer num tempo relativamente curto (uns dois ou três dias após a aplicação).

APARELHOS DEPILATÓRIOS ELÉTRICOS

Descrição: A depilação é feita por lâminas não cortantes, que se unem rapidamente, funcionando como pinças. O pelo é arrancado pela raiz como na depilação com cera.

Vantagens: É mais prático do que a cera e tem o mesmo efeito. Os pelos demoram cerca de 15 dias para voltar a crescer e vão ficando mais finos e frágeis com o passar do tempo.

Desvantagens: A depilação dói. Geralmente é mais demorada do que a depilação com cera – ou seja, você sente a dor dos pelos sendo arrancados por mais tempo. Quando voltam a crescer, eles podem encravar. O método precisa de um investimento inicial – o preço dos aparelhos não é barato. Mas, em compensação, você só gasta uma vez.

DEPILAÇÃO A LASER

Descrição: O método tem de ser feito por um especialista, que emite um feixe de laser no pelo. A energia do raio destrói a raiz do pelo. São necessárias algumas sessões para o tratamento completo.

Vantagens: Pode eliminar o pelo permanentemente, mas exige manutenção nos primeiros anos.

Desvantagens: O método é caro e, se não for feito adequadamente, pode provocar manchas na pele.

ELETRÓLISE

Descrição: Outro método que deve ser feito por um especialista. Uma descarga elétrica enfraquece e queima a raiz do pelo. A depilação tem de ser feita fio a fio, em várias sessões.

Vantagens: Pode eliminar o pelo definitivamente.

Desvantagens: O método é doloroso, caro, e pode deixar manchas na pele.

PINÇA

Descrição: Com auxílio da pinça, você arranca seus pelos pela raiz.

Vantagens: É barato e fácil. Como os pelos são arrancados pela raiz, demoram mais para crescer. Boa opção para quem tem poucos pelos em pequenas regiões (virilha, buço, sobrancelha, seios).

Desvantagens: Dói. Os pelos podem encravar quando começarem a crescer. Não vale a pena para áreas extensas – a não ser que você tenha muito tempo e paciência.

Cabelos em pé

Ainda está para nascer a garota que viva em perfeita harmonia com os seus cabelos. Todo mundo acaba achando algum defeito: são volumosos demais, muito escorridos, quebram com muita facilidade, a cor é opaca, falta brilho, ficam espetados... a lista é praticamente infindável!

Não estranhe se o seu cabelo mudar na adolescência. Madeixas lisas podem ficar crespas. A cor do seu cabelo pode ficar diferente. Os cachos que você tanto amava podem ficar mais escorridos. E não ache que os cabelos vão parar de mudar depois desta fase: quando você for adulta, eles ainda às vezes mudam de textura, sem contar os fios brancos que podem aparecer...

As mudanças hormonais da puberdade podem trazer probleminhas chatos para o seu cabelo, como aumento da oleosidade e aparecimento de dermatite seborreica (caspa). Para tratar da oleosidade, o ideal é lavar a cabeça diariamente, evitando o uso de água muito quente (que pode aumentar ainda mais a atividade das glândulas sebáceas – responsáveis pela oleosidade da pele). Experimente também evitar o uso de condicionador na raiz.

Quanto à caspa, algumas pessoas apresentam uma descamação exagerada do couro cabeludo. Pode estar relacionada com alimentação, estresse, fatores emocionais, desequilíbrio hormonal e predisposição genética. Há ainda estudiosos que associam a caspa à ação de fungos. Se você perceber que está com caspa, tente lavar seus cabelos com xampus especiais para isso. Se em algumas semanas não houver melhora, procure um dermatologista, que poderá indicar um tratamento mais específico.

Outra reclamação comum entre as garotas é sobre a queda de cabelos. É normal que se perca cerca de cem fios por dia, que nascerão novamente. Há muitos fatores que podem interferir na queda dos cabelos, como a perda de peso, alimentação deficiente, infecções, fatores emocionais ou hormonais, excesso de oleosidade e até a estação do ano (em geral, no verão perde-se menos cabelo do que no inverno).

Dicas para evitar a queda dos cabelos

Todo mundo sabe da importância de uma alimentação balanceada para se ter boa saúde. Com os cabelos a regra não é diferente: coma um pouco de tudo, não exagere nos alimentos gordurosos e não esqueça das frutas e legumes, que fornecem vitaminas e sais minerais importantes para manter um cabelo saudável.

Algumas atitudes banais podem contribuir para a queda de cabelos. Escovar com muita força, usar o secador bastante quente, abusar de chapinhas ou não lavar os cabelos direito podem enfraquecê-los, aumentando a queda. Prefira temperaturas mais frias quando usar o secador e lembre-se de enxaguar bem para tirar o xampu e o condicionador quando lavar a cabeça, evitando deixar resíduos. O excesso de oleosidade também pode contribuir para a queda.

CAPÍTULO 6

Adeus pele de pêssego!

Não adianta. Chegou a hora de encarar cravos e espinhas. Veja como manter essas ameaças longe de sua pele (mas sem cutucar, hein!). Descubra também um novo aliado: o desodorante.

Um jardim de cravos... e espinhas

Pode começar a dizer adeus àquela pele lisinha: na puberdade, são poucas as pessoas que não convivem com o aumento da oleosidade e o aparecimento das tão indesejadas espinhas. O lado bom da história é que, do mesmo jeito que essas intrusas surgem, elas devem desaparecer no início da adolescência. Isto não quer dizer que a partir dos 18 anos não vá surgir mais nenhuma espinha ou cravo, mas é bem provável que diminuam bastante. O lado ruim é que, até lá, há chances de aparecer uma espinha nas ocasiões mais inconvenientes possíveis (como na véspera de uma balada fantástica ou horas antes de você sair com um garoto incrível).

O turbilhão hormonal (de novo!) é o grande responsável por isso. Nesse período de ajustes, as glândulas sebáceas começam a trabalhar mais do que de costume – o que deixa a pele oleosa, com cravos (aqueles pontinhos pretos que invadem o seu nariz) e espinhas.

Não dá para evitar totalmente as espinhas, mas há alguns truques que podem ajudar a diminuir sua quantidade:

– **Alimentação**: alguns alimentos podem aumentar a oleosidade. Há especialistas que recomendam evitar excesso de frituras, amendoins, doces, chocolates e refrigerantes. Faça um teste: diminua o consumo desse tipo de comida e veja como sua pele reage.
– **Higiene**: tente manter sua pele sempre limpa, usando sabonetes especiais (hoje há várias opções no mercado de linhas de combate à acne). Ao usar hidratantes, prefira as loções que não sejam gordurosas. Géis também podem ser uma boa opção.

- **Cabelo**: muitas vezes o cabelo esbarrando no rosto pode aumentar a oleosidade. Tente mantê-los presos. A franja pode piorar a situação da acne na sua testa.
- **Maquiagem**: o uso de maquiagem pode obstruir os poros, aumentando a incidência de acne. Quando usar maquiagem, lembre-se de lavar bem o rosto depois.
- **Menstruação**: no período pré-menstrual é muito comum aparecerem algumas espinhas a mais. Isso pode acontecer até em mulheres mais velhas, que já estão bem longe da puberdade. O motivo é a oscilação hormonal – a gente fala mais disso no capítulo 7.

Alerta vermelho!

Por mais desesperador que seja, mantenha suas mãos longe das espinhas. Cutucar só vai piorar a situação! Primeiro porque você pode levar mais oleosidade e sujeira para a inflamação. Segundo porque cutucar a espinha pode provocar uma reação do seu corpo – que vai resultar em mais inflamação. Você pode acabar também machucando a pele e provocando cicatrizes, que demoram anos para sumir (se sumirem!). A única solução é ter paciência: com o tempo, ela acaba sarando sozinha. Você pode até dar uma mãozinha (não uma cutucadinha), usando produtos que aceleram a "secagem" da espinha. Converse com um dermatologista e descubra quais são as melhores opções de produtos.

Ter espinhas no rosto já é chatice suficiente para tirar o bom humor de uma garota. Não contentes com isso, elas podem surgir em praticamente qualquer parte do seu corpo! Não se ache uma extraterrestre se pintarem espinhas nas costas, entre os seios, na cabeça, na orelha, no bumbum e até dentro da orelha: são lugares comuns para elas darem sinal de vida.

Pergunta: Eu tinha uma pele ótima, até que de repente apareceu um monte de espinhas no meu rosto e nas minhas costas. Elas sozinhas já são medonhas, mas o pior é que, depois que secam, ficam umas manchas escuras onde estavam as espinhas. Tem como "apagar" essas manchas?

Resposta: Alguns tipos de pele são mais sensíveis e desenvolvem manchas e cicatrizes com maior facilidade. No local onde estava a inflamação fica de "recordação" uma cicatriz. Não espremer a espinha é o primeiro passo para evitar que isso aconteça – a inflamação pode se agravar e a cicatriz pode ficar pior ainda. Você também deve evitar tomar sol no local, que pode ficar mais escuro e mais marcado. Hoje há várias técnicas para eliminar manchas e cicatrizes da pele. Uma bastante comum é usar substâncias químicas que provocam uma descamação da área atingida, removendo a mancha (ou, pelo menos, deixando-a mais clara). Só tem um detalhe: você precisa passar antes por um dermatologista, pois só ele poderá lhe indicar o tratamento adequado.

Em alguns casos, a adolescente pode ter tanta espinha que seu quadro é considerado mais grave. Nessa situação, o ideal é procurar um dermatologista. Ele pode indicar um tratamento que ajude a "secar" as glândulas sebáceas, diminuindo a oleosidade da pele. Mas não pense que esse tratamento é a maior maravilha que se inventou: ele pode trazer alguns inconvenientes... A pele tende a "descamar" e ficar com um aspecto ressecado no início. Além disso, a garota que está se submetendo a esse tratamento não pode engravidar durante esse período. O acompanhamento tem de ser feito rigorosamente por um especialista (não dá nem para pensar em se aventurar nisso sozinha!).

Um novo amigo: o desodorante

Respire fundo antes de encarar a próxima mudança da lista: o seu cheiro... Mais cedo ou mais tarde, você vai perceber que seu suor também sofre com as alterações hormonais – se antes você podia passar a tarde inteira brincando, pingando de suor, e continuar com aquele cheirinho de criança, agora vai ser difícil encarar uma aula de educação física sem um reforço no desodorante. É na puberdade que a transpiração (principalmente nas axilas) adquire odor.

Portanto, trate de incluir o desodorante na sua lista de produtos de higiene pessoal. Como os cosméticos causam reações diferentes em cada tipo de pele, é possível que você tenha de fazer alguns testes para encontrar o desodorante ideal. A marca que funciona muito bem para sua mãe, por exemplo, pode não funcionar para você. Uma dica é experimentar produtos sem perfume, que diminuem o risco de alergia.

Preste atenção nas suas camisetas. Alguns tecidos sintéticos e corantes de tecidos também reagem com o suor, deixando o cheiro mais forte. Pode ser que algumas roupas tenham de ficar reservadas para os dias mais frios, quando você não transpira tanto.

CAPÍTULO 7

Menstruação
Ihh... chegou pra mim

Agora você já sentiu o que significa "estar naqueles dias". Mas você sabia que a menstruação está relacionada à sua alimentação e à prática de esportes?

Aprenda por que ela chega um dia e como isso acontece.

De menina a mulher

Nos capítulos anteriores falamos de uma série de mudanças que você deve encarar na puberdade, mas nenhuma é tão marcante na vida de uma garota como o início da menstruação. Ela é o sinal mais claro de que o seu corpo não é mais o de uma criança, mas sim o de uma mulher que está ficando fisicamente preparada para ter um bebê. Isso não significa que assim que você menstruar já estará pronta para ter o bebê: lembre-se de que, além da parte física, é necessário o amadurecimento emocional para lidar com uma gestação.

Teste:

Você sabe como se chama a primeira menstruação?
a) Menacme
b) Menopausa
c) Menarca
d) Amenorreia

Resposta: c) Menarca.
Este é o período da vida adulta reprodutiva da mulher, que vai mais ou menos dos 16-17 aos 45-50 anos. Menopausa é a última menstruação, que ocorre, em média, entre os 45 e 50 anos. Amenorreia é a ausência da menstruação, ou seja, quando por alguma causa física ou emocional a mulher não menstrua.

A primeira menstruação chega sem dia ou hora marcados. Dá para ter uma ideia de que ela está chegando depois que acontecem todas as modificações no corpo explicadas até aqui. Em média, as garotas têm a sua primeira menstruação entre 11 e 15 anos. Pode ser um pouco antes (algumas menstruam muito cedo, aos 9 anos) ou um pouco depois (aos 16 anos). A che-

Quando ela para de vir

Na puberdade não é raro ouvir casos de meninas que tiveram a primeira menstruação e depois ficaram um grande tempo sem que ela voltasse. Até que seu corpo entre em acordo com os seus hormônios (o que deve acontecer ao redor dos 16, 17 anos), isso não deve ser motivo de preocupação. Há outros fatores que podem provocar uma suspensão da menstruação. O primeiro é emocional: se a garota passa por uma fase mais complicada, com muito estresse (época de muitas provas ou o fim de um namoro, por exemplo), a menstruação pode parar de vir – é a chamada amenorreia. Doenças também podem fragilizar o organismo, suspendendo a menstruação. Outro fator de interferência são as variações bruscas de peso. Uma menina que emagrece muito rápido pode ficar sem menstruar. Por isso, garotas com anorexia (tipo de transtorno alimentar) podem ficar sem menstruar. E não podemos nos esquecer do motivo que mais preocupa as garotas quando há uma interrupção da menstruação: a gravidez.

gada da primeira menstruação depende da sua bagagem genética – se sua mãe e suas avós menstruaram cedo, é provável que a sua também comece cedo.

A alimentação é outro fator que pode influenciar: uma dieta rica em proteínas (com muita carne, leite e ovos) pode adiantar a menstruação. O mesmo ocorre em relação à exposição ao sol. Já as garotas que praticam esportes podem demorar mais para menstruar.

Isso é muito comum entre as atletas de ginástica olímpica – como em geral começam a treinar intensamente quando ainda são crianças, têm uma taxa muito baixa de gordura no corpo e a menstruação demora um pouco mais para chegar. Se a menarca não ocorrer até os 16 anos, aí sim a garota tem motivos para se preocupar. O ideal é procurar um especialista que vai checar se o desenvolvimento está ocorrendo normalmente ou se há algum tipo de problema, como alguma disfunção hormonal.

Afinal, o que é menstruação?

Todos os meses, o corpo da mulher se prepara para ter um filho. Um óvulo amadurece, sai do ovário e é capturado pela tuba uterina. Se ele for fertilizado pelo espermatozoide, forma-se o embrião, que poderá se fixar no útero, onde se desenvolverá e se transformará no feto.

Por causa disso, o útero precisa estar pronto para receber o **embrião** – as suas paredes ficam mais espessas, ricas em vasos sanguíneos. Se não há implantação, todo esse preparo é descartado – a menstruação é justamente a eliminação deste revestimento do interior do útero. O fluxo menstrual sai pela vagina, causando uma espécie de **sangramento**, que vem como um fio ou em jatos. Você não tem como controlar a saída do fluxo menstrual, que acontece constantemente, de dia e à noite. A cor da menstruação pode variar de um vermelho-vivo a uma cor mais acastanhada.

> Embrião é o nome dado ao óvulo fecundado.

É comum saírem também alguns coágulos, que parecem pedaços de sangue mais densos, principalmente nas primeiras menstruações. A aglutinação do sangue na puberdade está relacionada aos ajustes da produção hormonal.

No começo você pode estranhar um pouco, achando que está perdendo rios de sangue. Bobagem! A quantidade de fluxo menstrual varia muito, mas, em média, a mulher perde cerca de 70 mililitros de fluxo na menstruação. Isso equivale à metade de uma xícara de chá. A intensidade do fluxo é maior no primeiro ou segundo dia da menstruação. Nos dias seguintes, o fluxo tende a diminuir.

A duração da menstruação também pode variar. Para algumas mulheres ela é bem curtinha, de dois a três dias. Já para outras, esse período chega a sete dias. Você só deve se preocupar se a sua menstruação for muito intensa e todos os meses durar mais do que sete dias – neste caso, há um risco de anemia pela perda excessiva de sangue. O indicado é procurar um ginecologista, que vai checar se está tudo bem.

Os métodos anticoncepcionais podem influenciar no fluxo menstrual. As mulheres que usam os métodos hormonais (como pílula, adesivo transdérmico, injeções e anel vaginal) tendem a apresentar um fluxo

---

O fluxo menstrual não é composto só de sangue. Um pouco mais da metade do que é eliminado (cerca de 60%) é sangue, mas o restante (uns 40%) é composto por secreção do colo do útero, células mortas e outras secreções genitais.

mais moderado, enquanto aquelas que usam DIU não hormonal (dispositivo intrauterino) apresentam um fluxo mais intenso.

O ciclo menstrual

É o período que vai do primeiro dia da menstruação (dia do início do ciclo) até o dia anterior à próxima menstruação. Na puberdade, é comum que os ciclos sejam irregulares, ou seja, mudem a cada mês. Depois eles podem se regularizar (todos os ciclos num mesmo intervalo) ou continuar irregulares – algumas mulheres passam a vida inteira com a duração dos ci-clos irregular.

O ciclo pode variar muito, mas geralmente dura de 25 a 30 dias. Algumas mulheres têm ciclos mais longos (podendo chegar a 40 dias), e outras, bem mais curtos (21 dias). A garota precisa prestar mais atenção se o seu ciclo for muito curto (menos de três semanas), porque pode haver risco de anemia – o período entre uma menstruação e outra fica muito pequeno para o organismo recuperar a perda de sangue.

O que acontece durante o ciclo?

O primeiro dia do ciclo começa com a menstruação – quando o organismo elimina a preparação do útero (revestimento) que tinha feito para receber o embrião e começa a produzir tudo de novo.

Já que o óvulo anterior não foi fecundado, um outro óvulo começa a amadurecer no ovário. Isso acontece mais ou menos no final da menstruação (ao redor do quarto ou quinto dia do ciclo). Quando o óvulo está maduro, ele é expulso do ovário e é captado pela tuba uterina. Isto é a ovulação, que ocorre 14 dias antes da próxima menstruação. É nesta fase que a mulher está "fértil", ou seja, propensa a engravidar. Se ocorrer uma relação sexual desprotegida nesse período, as chances de um espermatozoide fecundar o óvulo são maiores.

Enquanto isso, a mucosa do útero fica mais espessa e com mais vasos sanguíneos, pois ele precisa estar preparado caso aconteça uma gravidez. Se houve a fecundação, o embrião se prende ao útero e começa a se desenvolver. Caso contrário, o óvulo se desintegra.

Aí começa o período pré-menstrual, que causa tantas discussões (a gente já vai falar mais dele). Depois, a história se repete: começa a menstruação e inicia-se um novo ciclo.

Durante o ciclo a produção de hormônios também varia. No começo, as taxas de progesterona e estrogênio estão baixas. Assim que o óvulo começa a amadurecer (quarto ou quinto dia do ciclo), a produção de estrogênio vai aumentando, atingindo o seu pico com a ovulação. A partir daí começa a aumentar a produção de progesterona, que supera a de estrogênio no final do ciclo. Com a menstruação (início de um novo ciclo), as taxas caem de novo.

> O caminho do embrião pela tuba leva de três a cinco dias.

O CORPO DAS GAROTAS

1 O óvulo maduro é expulso do ovário

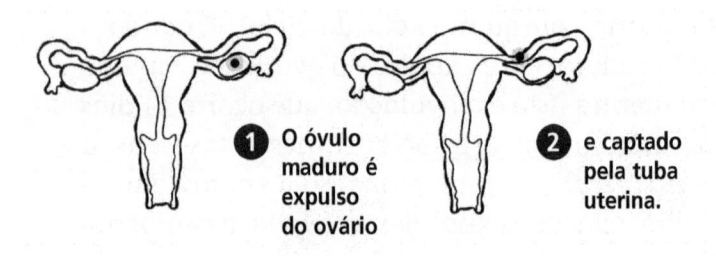

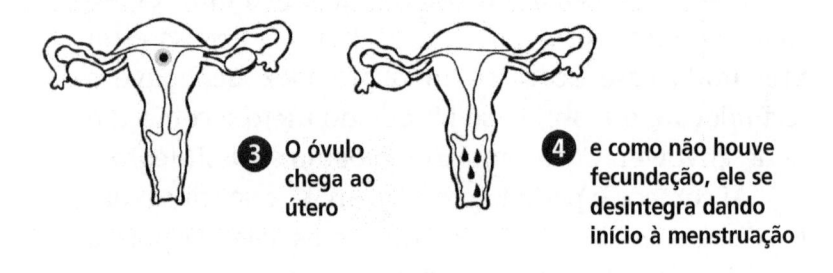

2 e captado pela tuba uterina.

3 O óvulo chega ao útero

4 e como não houve fecundação, ele se desintegra dando início à menstruação

Pergunta: Dá para uma garota menstruar sem ter ovulado?

Resposta: Dá. No início da adolescência, até que o sistema hormonal funcione bem, os óvulos podem não amadurecer. Ou então podem até amadurecer, mas não conseguem sair do ovário. Pela variação hormonal, a menstruação acontece sem que tenha ocorrido a ovulação. Nesse período, em que há menstruação sem ovulação, a garota ainda não consegue engravidar. Porém, como é impossível saber quando vão começar as ovulações, ela precisa tomar algum tipo de cuidado caso já tenha uma vida sexual ativa.

CAPÍTULO 8

A assombrosa TPM

Com a dança dos hormônios, muitas mulheres viram bicho nesta época.

Antes de estrangular alguém, conheça alguns métodos para escapar da TPM.

Estresse total

Alguns dias antes de menstruar, por causa da oscilação hormonal, você pode perceber uma série de mudanças no seu corpo e no seu comportamento, que muitas vezes aparecem sem explicação. Algumas garotas têm sorte de não sentir nada nesse período, mas a maioria se desmancha em queixas por causa da malfadada tensão pré-menstrual, a TPM.

Então, não se assuste se, de repente, seu humor azedar, se você se sentir um balão por causa do inchaço ou se vier um choro incontrolável e sem motivos. Existem cerca de 150 sintomas identificados com a TPM (tanto físicos como emocionais). Obviamente, você não vai passar por todos eles de uma vez, mas é muito comum experimentar alguns a cada ciclo. Os mais comuns são: irritabilidade, nervosismo, depressão, tristeza, choro sem motivo, mau humor, dificuldade de concentração, insônia, cansaço, inchaço das mamas, das pernas, da barriga e do rosto, aumento de apetite (em especial para doces), sensação de pernas pesadas e cansadas, dor nas costas e nas mamas, aumento da oleosidade da pele e do cabelo, aparecimento de cravos e espinhas, dores de cabeça, enxaquecas, dificuldade de digestão e aumento de peso. Ufa!

Do mesmo jeito que há mulheres que não sentem nada no período pré-menstrual, algumas sofrem tanto com a TPM que precisam fazer um tratamento médico para controlá-la. Há especialistas que indicam até o uso de medicamentos antidepressivos para a TPM – mas isso só em situações em que a garota fica muito mal. Se você acha que fica bastante alterada com a TPM, talvez seja boa ideia conversar com o seu ginecologista para buscar uma solução. Alguns indicam complementos alimentares que tendem a minimizar os sintomas, como vitaminas. Tem gente, ainda, que cuida da TPM com acupuntura. Diuréticos e até hormônios fazem parte do arsenal para tratar a TPM.

Mas se o seu caso não é tão severo, algumas dicas podem ajudar a diminuir o impacto da TPM.

Esportes

Os exercícios físicos podem ser ótimos aliados, pois favorecem o relaxamento muscular e mantêm a boa forma (o que sempre dá uma ajuda). Além disso, quando você pratica esportes, o seu corpo libera mais **endorfina**, que atenua os sintomas da TPM.

> A endorfina é uma das substâncias que atuam no cérebro causando a sensação de bem-estar.

As atividades aeróbicas (como nadar, andar de bicicleta e correr) são mais eficientes na produção de endorfina. Porém, o mais importante é que você escolha um exercício de que goste: não adianta nada ficar correndo por horas, com um bico enorme e de mau humor porque acha a corrida muito chata. Talvez exercícios mais tranquilos, como uma caminhada ao ar livre, seguida de uma sessão de alongamento, sejam mais eficientes e ajudem a relaxar mais. Para outras meninas, uma aula de boxe ou de artes marciais funciona melhor. Experimente e faça a sua escolha.

Procure se exercitar o mês inteiro, e não apenas na fase da TPM. Assim você condiciona o seu organismo e o resultado acaba sendo melhor. E se nos dias de desânimo bater aquela preguiça, insista um pouco e tente fazer alguma atividade. Você vai ver como vale a pena!

Alimentação

A bagunça causada pelos hormônios faz com que seu corpo tenha uma tendência maior a reter líquidos no período pré-menstrual e na menstruação, o que pode causar inchaço e aumento de peso. Evite as comidas que contribuam para a retenção de líquidos e principalmente o sal em excesso. Bebidas que contenham cafeína também pioram o quadro. A lista inclui refrigerantes, chá preto, chá-mate, café e energéticos.

Cólicas

Depois de sobreviver à TPM, chega a hora de encarar os dias de menstruação. A maior queixa das garotas em relação a esse período diz respeito às cólicas.

A causa dessas dores no abdômen é muito simples: para que o útero "expulse" a mucosa de revestimento, ele precisa se contrair. Esse movimento independe da vontade da garota e é gerado por uma substância chamada prostaglandina. A contração dos músculos uterinos é que causa a dor.

Assim como a TPM, algumas meninas mais sortudas nem sabem o que é cólica. Outras sofrem tanto com as dores que passam o dia inteiro na cama, com tonturas, enjoos e vômito. Se esse é o seu caso, não precisa ficar sofrendo sozinha. Procure um médico, que vai lhe indicar um tratamento adequado para atenuar esses sintomas. Além disso, cólicas muito fortes podem sinalizar alguns probleminhas, como **endometriose** ou **mioma**.

O mais comum é que as garotas sintam dores no primeiro dia do ciclo. É bom conversar com o ginecologista para discutir com ele quais os medicamentos mais indicados para aliviar as cólicas.

> Endometriose é o crescimento do endométrio (camada que reveste o útero) em outros lugares do abdômen, fora do útero. Já os miomas são tumores benignos que aparecem na parede do útero.

Pergunta: É verdade que algumas meninas sentem cólica na ovulação?

Resposta: Apesar de ser mais raro, algumas meninas também sentem uma leve dor abdominal quando estão ovulando. Esse tipo de dor, em geral, é bem mais sutil do que a cólica menstrual, e geralmente passa rápido (em menos de um dia).

O que pode e o que não pode fazer menstruada?

Esqueça aqueles mitos de que a mulher menstruada precisa ficar recolhida em casa! Quer saber de uma grande verdade? Não tem nada que uma mulher não possa fazer quando está menstruada. Pode lavar a cabeça, tomar sorvete, andar descalça, andar de bicicleta e fazer exercícios. Menstruação não é doença; portanto, não há motivos para mudar sua rotina.

Se você praticar exercícios durante o período menstrual, poderá sentir que há um aumento no fluxo. Isso é normal e, na maioria das vezes, não atrapalha a atividade física. Ao contrair a musculatura abdominal, você acaba ajudando a liberar a secreção menstrual (principalmente nos dias de maior fluxo), mas não requer nenhum tipo de atenção específico, a não ser que você sinta muita fraqueza ou tonturas realizando a prática esportiva, o que é bastante incomum.

Outro fator que pode aumentar o fluxo menstrual (mas sem trazer complicações) é tomar muito sol ou permanecer em lugares quentes por tempo prolongado. Isso não quer dizer que você não possa ir à praia menstruada. Porém – e é bom saber –, é possível que o fluxo venha com um pouco mais de intensidade. Tomar aspirina antes ou durante o período menstrual também pode contribuir para um aumento do fluxo.

Quanto à alimentação, a princípio também não há restrições. Algumas garotas ficam com o intestino mais solto durante a menstruação. Se este é o seu caso, uma dica é comer alimentos ricos em carboidratos (como arroz, batata, pães e massas), que ajudam a "prender o intestino". Outras sentem que a digestão fica mais difícil nesse período. Assim, pode ser melhor evitar alimentos de digestão difícil (por exemplo: gorduras, leite e algumas verduras). De resto, é manter uma alimentação equilibrada, como se deve fazer ao longo de todo o mês.

Teste

Você sabe quantos ciclos menstruais as mulheres têm em média ao longo da vida?
 a) menos de 15
 b) cerca de 100
 c) cerca de 480
 d) mais de 1.000

Resposta: c) cerca de 480
Pense que a mulher começa a menstruar na puberdade (entre 10-15 anos) e para, em média, entre os 45 e 50 anos. Levando-se em consideração que cada ciclo dura ao redor de 28 dias, a gente faz a conta e chega no resultado.

A polêmica decisão de não menstruar

Tem muita garota que detesta ficar menstruada. Outras não se incomodam – encaram esse período até como uma afirmação da feminilidade. Assim como a opinião das garotas sobre a menstruação diverge muito, os médicos também têm discordâncias sobre o tema. Há uma corrente que defende que a mulher, hoje em dia, não precisa mais menstruar, já que há métodos que permitem isso. Outros especialistas acham que ainda não foram feitos testes suficientes para comprovar que a suspensão da menstruação não traria problemas futuros para a mulher.
O método usado para suprimir a menstruação é o uso contínuo de anticoncepcionais hormonais (como a pílula, os adesivos ou o anel vaginal) ou de contraceptivos hormonais duradouros (como as injeções mensais ou trimes-

trais, os implantes subcutâneos ou os DIUs hormonais). Esses métodos mantêm os níveis hormonais estáveis o ciclo inteiro e, deste modo, não há alterações que provoquem a menstruação.

Se você acha que essa seria uma boa opção para o seu dia a dia, converse mais com o seu médico para saber melhor quais são os pontos favoráveis e contrários à suspensão da menstruação. Mas, de jeito nenhum, tente se automedicar para acabar com ela – o uso equivocado de anticoncepcionais pode trazer efeitos colaterais muito desagradáveis, como o crescimento de pelos, enjoos, vômitos, aumento de oleosidade na pele e ganho de peso.

CAPÍTULO 9

Hora de escolher o absorvente

Menstruação não precisa ser sinônimo de incômodo. É só escolher um tipo de absorvente que mais combine com seu corpo.

Mas será que o absorvente externo dá alergia? Quem é virgem pode usar o interno? Veja mais.

Interno ou externo? Eis a questão.

Se você der uma olhada na parte de higiene pessoal de um supermercado ou de uma perfumaria, vai ver a imensa quantidade de opções de absorventes que há hoje no mercado. Tem para todos os gostos e necessidades!

Um pouco de história

Claro que nem sempre houve tantas opções de absorventes... Por milhares de anos, tudo o que as mulheres tinham para se proteger durante a menstruação eram faixas de algum material macio (como lãs de carneiros ou fibras de plantas). Elas prendiam essas faixas com cintas e cordões para mantê-las no lugar – foram os primeiros absorventes externos. As mulheres egípcias, há mais ou menos 3.500 anos, começaram a experimentar uma espécie de absorvente interno – elas enrolavam papiros macios e os inseriam na vagina para absorver o fluxo menstrual. Um documento de 1550 a.C. já descrevia o uso desses "tampões" para fins de higiene e medicina.
Na época da Primeira Guerra Mundial (1914-1918) começaram a ser vendidas as "toalhinhas higiênicas" – que mais pareciam uma fralda. Eram feitas de tecido atoalhado dobrado em três partes largas e grossas, e que, depois de usadas, deveriam ser lavadas (eram reutilizáveis, e não descartáveis). Com o tempo, ficavam ásperas, tornando-se um estorvo para as mulheres.

HORA DE ESCOLHER O ABSORVENTE

Na década de 1930, os primeiros absorventes descartáveis começaram a ser comercializados. Além disso, já estava começando a produção industrial de absorventes internos nos Estados Unidos.

No Brasil, os primeiros absorventes descartáveis chegaram ao mercado em 1933. Eram importados dos Estados Unidos (a produção nacional começou em 1945). Já os absorventes internos só aterrissaram nas terras tupiniquins em 1974.

Hoje os absorventes não têm mais nada de improviso. São feitos em processos industriais que passam por controles rígidos de qualidade. Dividem-se basicamente em dois grupos: externos (que ficam entre o seu corpo e a calcinha, absorvendo o fluxo fora do organismo) e internos (que são inseridos na vagina e absorvem o fluxo antes mesmo de ele sair do seu corpo).

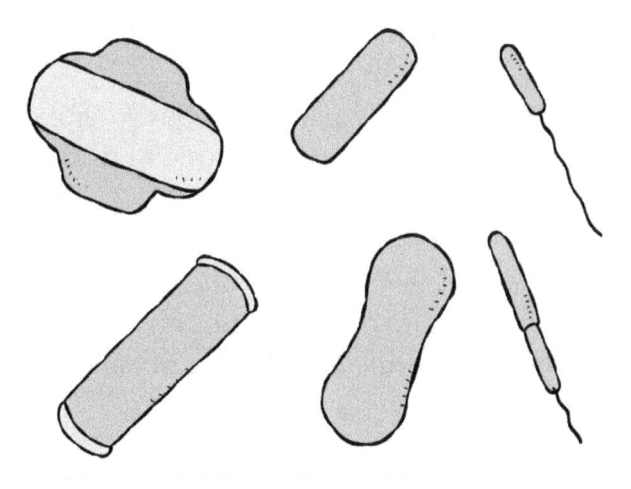

Absorventes externos

Os absorventes externos parecem uma almofadinha feita de algodão. O fundo deles é feito de plástico, para que o fluxo não vaze. Possuem uma fita adesiva que serve para grudar na calcinha, mantendo-o preso no lugar. A cobertura superior dos absorventes pode ser de uma fina camada de algodão ou de plástico perfurado, por onde passa o fluxo.

O absorvente pode vir em diferentes tamanhos (míni, pequeno, normal, grande, extragrande, diurno, noturno, etc.), que são adequados para cada intensidade de fluxo. Outros aspectos podem variar nos produtos, como:

- **formato**: alguns são retos, outros têm o contorno do corpo, e há ainda os que são mais estreitos na parte de trás (para não marcar na roupa).
- **espessura**: de acordo com a tecnologia do produto, podem ter componentes que absorvem o fluxo sem fazer muito volume. Os absorventes variam desde os bem grossos até os ultrafinos.
- **abas**: alguns produtos possuem abas laterais com adesivo para serem coladas na calcinha (o absorvente acaba "abraçando" a calcinha). As abas podem evitar vazamentos laterais, além de ajudar a fixar melhor o absorvente.
- **embalagem**: alguns absorventes vêm embalados individualmente, sendo mais fácil carregá-los na bolsa ou na mochila.

– **perfume**: os absorventes podem ser perfumados ou sem odor. Algumas garotas podem desenvolver reações alérgicas ao perfume do produto.

Existem, ainda, protetores de calcinha (são os absorventes menores e bem fininhos), indicados para os dias de pouco fluxo (o finalzinho da menstruação, por exemplo) ou para uso diário.

O intervalo entre as trocas do absorvente vai depender do volume do seu fluxo: se for muito intenso, troque a cada duas horas. Já com fluxo mais moderado, o absorvente pode ser trocado a cada quatro horas. Você vai perceber a sua necessidade quando o absorvente estiver saturado. Não é necessário trocá-lo cada vez que você for ao banheiro. No entanto, tome cuidado para não ficar muito tempo com o mesmo absorvente. O fluxo, quando entra em contato com o ar, propicia o surgimento de bactérias que, além de causar mau cheiro, podem provocar infecções. Então, mesmo que o absorvente não esteja encharcado, durante o dia, o ideal é que você não fique mais do que quatro horas sem trocá-lo.

À noite não há necessidade de acordar para trocar o absorvente (a não ser que perceba que ele está vazando!). Como você fica deitada, a força da gravidade age a seu favor, diminuindo um pouco o fluxo. Além do que, como você não está se movimentando tanto, o fluxo tende a diminuir no período. Se quiser ficar mais tranquila, experimente usar um absorvente maior (ou os indicados como "noturnos") para dormir.

Absorventes internos

Os absorventes internos ou tampões são pequenos rolinhos de fibras que podem vir com ou sem aplicador. Possuem um barbante que fica para fora do seu corpo e é usado na hora de retirá-los. Assim como os absorventes externos, os tampões estão disponíveis em tamanhos diferentes (míni, médio e super).

No Brasil, o uso de tampões é muito pequeno se compararmos com a maioria dos países europeus ou com os Estados Unidos. Um dos motivos é o tabu que ainda cerca as garotas, que não estão acostumadas a se tocar nem a conhecer seu próprio corpo. Além disso, há muitos mitos sobre o uso de absorventes internos. Mas se você conhecê-lo melhor, vai ver que ele é muito simples de usar, além de ser tão eficiente quanto o externo.

O tampão fica preso na sua vagina, absorvendo o fluxo que sai do útero antes que ele vá para fora do seu corpo. Como as paredes da vagina são elásticas, elas se "adaptam" ao formato do tampão, que vai se expandindo conforme absorve o fluxo. Não há como o absorvente entrar mais no seu corpo além do canal vaginal.

HORA DE ESCOLHER O ABSORVENTE

Isto porque a única saída além da vagina (que dá para o meio externo) é o **colo do útero**, por onde o absorvente não consegue passar de jeito nenhum.

> O colo do útero normalmente permanece fechado. Para que a menstruação possa passar, a abertura fica da largura de uma cabeça de alfinete.

Normalmente as meninas virgens podem usar tampões. As únicas exceções são as garotas que têm o hímen sem perfuração ou o hímen **cribiforme**. No primeiro caso, a adolescente, de qualquer maneira, terá de consultar um ginecologista para que seja feita uma pequena cirurgia, de forma que o fluxo menstrual tenha como sair do seu corpo. Para afastar qualquer dúvida, o ideal é que você vá a um especialista antes de tentar usar o tampão.

> Hímen cribiforme é um tipo pouco comum, composto por uma série de pequenas perfurações.

A indicação é de que as garotas virgens e aquelas que estão usando o absorvente interno pela primeira vez experimentem o de menor tamanho, que pode passar pela abertura central do hímen sem rompê-lo. É comum que a menina não consiga colocar o tampão logo na primeira tentiva. O nervosismo pode fazer com que os músculos da vagina se contraiam, tornando incômoda e dolorida a inserção do tampão. Não precisa desanimar se isso acontecer. Dê mais um tempo para o seu corpo e tente de novo mais tarde. Certifique-se de que está tranquila e num local onde tenha privacidade. Outra coisa que pode acontecer é que a vagina da garota ainda não tenha se desenvolvido o suficiente para acomodar o absorvente, sendo estreita demais. Neste caso, o ideal é esperar mais alguns meses.

A grande vantagem do absorvente interno em relação ao externo é que, com ele, você pode ir à praia ou à piscina mesmo estando menstruada. Não há problema nenhum em nadar com o tampão – apenas lembre-se de trocá-lo quando sair da água.

Como usar o absorvente interno

Sem aplicador:

No caso de tampões sem aplicador, você terá de usar o seu dedo para colocá-lo no lugar certo. Comece retirando o papel celofane que embala o produto.

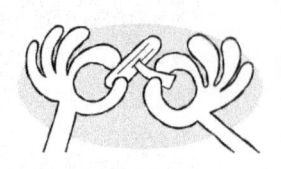

Puxe o cordão que sai da base do absorvente, verificando se ele está firme. Gire um pouco o cordão, alargando a base do tampão.

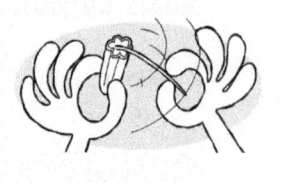

Coloque o dedo indicador na base do absorvente e segure-o com os outros dedos, mantendo o cordão para baixo.

Afaste as pernas numa posição confortável (de pé com as pernas flexionadas; de pé com uma perna apoiada num suporte mais alto; deitada ou sentada) e afaste os lábios vaginais com a outra mão.

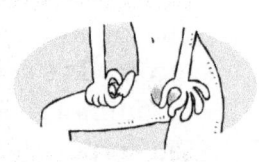

Posicione o tampão na entrada da sua vagina e empurre-o para dentro com o seu dedo indicador. Mantenha a ponta do cordão do lado de fora do seu corpo. Você saberá que o tampão chegou ao lugar certo quando não senti-lo mais. Se ainda estiver percebendo o absorvente é porque ele não está fundo o bastante.

Com aplicador:

O tampão com aplicador vem com dois tubos rígidos que ajudam a colocá-lo no lugar certinho. Tire-o da embalagem. Certifique-se de que o cordão está para fora dos tubos.

Afaste as pernas, como já foi explicado. Separe os lábios vaginais e posicione a ponta do tubo exterior (o mais largo) na entrada da vagina.

Empurre todo o tubo exterior para dentro da vagina, segurando apenas a sua ponta.

Empurre o tubo interior, deslizando-o por dentro do tubo exterior. O tubo interior vai empurrar o absorvente até o lugar certo. O cordão deve ficar com a ponta para fora do seu corpo.

Puxe os dois tubos para fora da sua vagina e jogue-os no lixo.

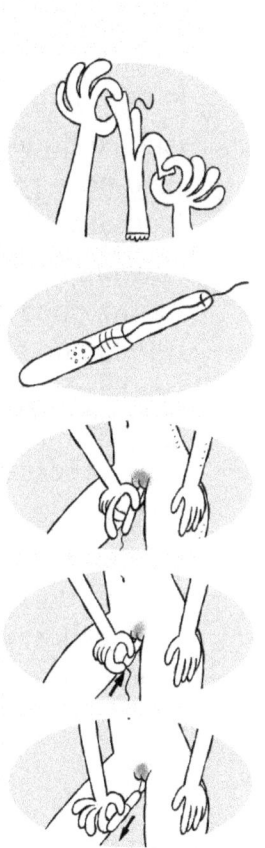

Você vai saber que está na hora de trocar o absorvente quando sentir a base da vagina mais úmida, ou então quando o cordão estiver sujo de sangue.

Outra dica para ver se o absorvente já está saturado é puxar levemente o cordão: se o absorvente se mexer com facilidade é porque está na hora de trocá-lo; se ficar firme, ainda dá para usá-lo mais um pouco.

Você não precisa tirar o absorvente interno quando vai ao banheiro – basta puxar o cordão para o lado de modo que ele não fique sujo. Para retirar o tampão, é preciso apenas segurar firmemente o cordão e puxá-lo para baixo. Dicas importantes:

– nunca fique com o tampão por mais de seis horas – isso pode propiciar o aparecimento de bactérias que causam infecções;

– sempre lembre de tirar um tampão antes de colocar outro; pode ser mais difícil retirar os absorventes que ainda não estiverem totalmente encharcados; se você sentir alguma resistência na hora de tirar o tampão e perceber que ele ainda tem pontos brancos (que ainda não absorveram o fluxo), use isso como base e, da próxima vez, permaneça com ele por mais tempo;

– se você por acaso deixar o cordão para o lado de dentro da vagina, use uma pinça (bem lavada) ou seus dedos para puxá-lo para fora; se não conseguir, não tenha vergonha de pedir ajuda a um médico.

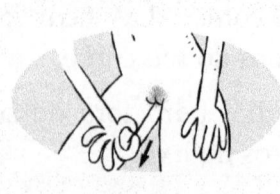

Mitos e verdades sobre absorventes internos

Você já deve ter ouvido uma infinidade de coisas escabrosas sobre o uso de absorventes internos. A maioria não passa de lenda. Aqui vão algumas:

- O absorvente interno "alarga" a vagina. Mentira: a vagina é feita de músculos elásticos que podem se contrair ou se expandir (é só lembrar que ela se estica o suficiente para a passagem do bebê durante o parto normal).
- Tampões diminuem ou estancam o fluxo menstrual. Falso: o tampão age como se fosse uma esponja – na hora que está saturado, começa a vazar. Ele não tem como "tapar" a saída do fluxo do útero.
- Você pode perder o absorvente dentro do seu corpo. Impossível: não tem por onde o absorvente passar. Além disso, os músculos da vagina seguram o tampão. Ele não fica passeando pelo canal.

Por outro lado, há uma polêmica que envolve o uso de absorventes internos que merece um pouco mais de atenção. É a chamada Síndrome do Choque Tóxico. Essa é uma doença raríssima, causada por bactérias, que estaria associada ao uso de tampões, e que pode ser fatal se não for tratada a tempo. Os sintomas parecem com os de uma gripe: febre alta (acima de 39°C) repentina, enjoos, vômito, diarreia, dor de cabeça, tontura, desmaio, dores musculares, irritação e ardor na pele. Se você apresentar esses sintomas e estiver usando absorvente interno, retire-o imediatamente e procure um médico. Avise-o de que está menstruada e que faz uso de tampões.

Medidas básicas de higiene

Agora que você já conhece bem os tipos de absorvente, só não pode esquecer de algumas regrinhas básicas de higiene. Lave bem as mãos antes e depois de colocar o absorvente (seja ele interno ou externo). Se, por acidente, o absorvente cair no chão quando você o estiver colocando, jogue-o no lixo e pegue um novo. Nada de fingir que não aconteceu nada, dar uma assopradinha e usá-lo!

Depois de trocar o absorvente, enrole o usado no papel higiênico ou num saquinho plástico e coloque-o no lixo. Privada não é lugar de absorvente usado, pois pode causar entupimentos.

Lembre-se também de, quando for se limpar, passar sempre o papel higiênico da frente para trás. Assim você evita levar bactérias que vivem na região do intestino e do ânus para a região da vagina, o que pode causar infecções.

CAPÍTULO 10

Ginecologista não é bicho-papão!

Agora que você deixou de ser criança, é hora de trocar o pediatra pelo ginecologista. Não precisa ter medo nem vergonha. O médico vai esclarecer suas dúvidas e ajudar a manter sua saúde em dia.

Um novo aliado

Se você se interessou por este livro até agora, já está na hora de ter um novo aliado na sua vida: o ginecologista. Quando a garota entra na puberdade, chega a hora de se despedir do pediatra e partir para uma nova fase. Afinal de contas, você deixou de ser uma criança!

É difícil passar pelas mudanças que a gente descreveu até aqui, ainda mais se você não tem uma pessoa com quem conversar e tirar as suas dúvidas. A mãe pode ser uma boa opção, mas nem sempre dá para contar tudo para ela (e é natural que você não se sinta à vontade para dizer tudo mesmo; afinal, ela é mãe, e não colega!). A melhor amiga é outra alternativa – porém, ela também não vai saber responder a todas as suas perguntas. É aí que entra o ginecologista: uma pessoa que sabe todas as respostas e em quem você pode confiar.

Não existe uma idade certa para ir pela primeira vez ao ginecologista, mas o ideal é quando começar a notar as mudanças do seu corpo. Assim, o médico vai poder explicar melhor o que está por vir e tirar todas as suas dúvidas. Ser virgem não é impedimento para visitar o ginecologista – ele vai fazer adaptações no exame para não machucar o seu hímen. Agora, se você está sentindo que está prestes a ter a sua primeira relação sexual, não tem desculpa! Pode ir marcando uma consulta já! O ginecologista é a pessoa mais indicada neste momento para dar orientações sobre métodos anticoncepcionais e prevenção de doenças sexualmente transmissíveis.

Pergunta: Minha mãe precisa ir comigo ao ginecologista? Ele tem como descobrir se eu não sou mais virgem e contar para ela?

Resposta: Não precisa ir com a sua mãe à consulta: você pode ir sozinha, com uma amiga ou até com o seu namorado, como você achar melhor. Algumas garotas se sentem mais seguras com a mãe – neste caso, ela pode acompanhar a filha até durante os exames. Se você quer ir com a sua mãe, mas não se sente à vontade com ela ouvindo a sua conversa com o médico, peça para que ela espere do lado de fora do consultório. Essa é uma esco-lha sua, e ela vai ter de entender.
O médico tem como saber se o seu hímen foi rompido ou não – é só examinar sua vagina. Mas você pode ficar tranquila com o que for discutido na consulta. O ginecologista não pode dizer para os seus pais (nem para ninguém) o que foi conversado no consultório – isso se chama sigilo médico. Portanto, se você não é mais virgem e não quer que ninguém saiba, não é o ginecologista quem vai sair contando a novidade por aí... Você não tem motivos para esconder nada do médico. A única situação em que ele precisa contar o que está acontecendo para os pais da adolescente é se for detectada alguma doença grave, que traga algum tipo de risco ou que necessite de uma cirurgia. Mas esses são casos extremos.

A escolha do ginecologista

Em primeiro lugar, você vai poder optar entre um médico ou uma médica. A escolha é toda sua, dependendo de com quem você se sente mais à vontade. Algumas garotas se sentem mais livres com mulheres, outras preferem consultas com um homem – e essa é uma questão totalmente pessoal. Antes de ser homem ou mulher, o ginecologista é o seu médico.

Você não precisa ir ao mesmo médico da sua mãe. O mais importante é você escolher alguém em quem confie e com quem se sinta confortável para fazer todas as perguntas que queira. Caso o médico da sua mãe seja uma boa opção, não tem problema: ele não vai comentar com ela o que foi dito na sua consulta. Se achar melhor separar as coisas, peça uma indicação para suas amigas, vizinhas, professoras ou primas, por exemplo.

Como é o exame?

Muitas jovens ficam adiando a visita ao ginecologista com medo de que o exame seja dolorido. Nada disso! Pode não ser a coisa mais agradável do mundo, mas você não vai sair machucada do consultório médico.

O ginecologista vai começar a consulta conversando com você, para saber os antecedentes da sua família, traçar um perfil geral da sua saúde e responder às suas dúvidas. Muita gente fica nervosa na hora da consulta e acaba esquecendo de perguntar várias coisas que queria saber. Quer uma dica? Não se sinta acanhada, faça uma listinha antes e leve-a ao médico. Assim você vai ter certeza de que não está se esquecendo de nada. Nesta primeira parte é o momento ideal para você dizer ao médico se ainda é virgem, pois assim ele tomará alguns cuidados especiais na hora do exame.

Em seguida, vem o exame físico geral: o médico vai pesá-la, medir sua altura e sua pressão. Vai examinar seu abdômen, seu pulmão, seu coração e suas mamas. Só então vem o exame ginecológico propriamente dito. A garota fica numa cama ou cadeira especial, com as pernas afastadas e os pés apoiados em suportes apropriados. O ginecologista examina a vulva, os grandes e os pequenos lábios sem introduzir ne-nhum objeto.

Se você não for mais virgem, o médico vai introduzir em sua vagina, delicadamente, um instrumento chamado espéculo, para separar as paredes vaginais e examiná-las, além de checar o colo do útero e poder coletar material para exame, se for necessário. Ele faz ainda um exame de toque: usando luvas e lubrificante, insere dois dedos na sua vagina para avaliar o útero. Se for preciso, ele pode usar o ultrassom também, que consiste num aparelho que mostra imagens do interior do seu corpo.

Se a paciente for virgem e for necessário coletar material para exame, o médico usará um espéculo especial – uma espécie de pazinha com o cabo muito fino, que não rompe nem machuca o hímen.

Sendo virgem ou não – o exame é indolor –, no máximo, a paciente sentirá um pouco de desconforto.

Detectando problemas

A consulta ao ginecologista é muito importante para diagnosticar possíveis problemas que estejam atrapalhando a sua saúde. O médico poderá checar se seus hormônios estão funcionando direito, se seu desenvolvimento está ocorrendo da forma esperada e se seu útero ou sua mama apresentam alguma alteração. O tratamento das doenças é muito mais fácil e eficaz se forem diagnosticadas cedo. Ou seja, se você perceber que algo não anda bem com seu organismo, não tenha vergonha e procure ajuda. Lembre-se de que o ginecologista está acostumado a ver esse tipo de problema todos os dias. E não fique encabulada de falar sobre alguma coisa com ele: temas como sexo fazem parte da profissão. Toda jovem que já tenha uma vida sexual ativa precisa fazer exame ginecológico pelo menos uma vez por ano para fazer exames de rotina.

O material recolhido no exame é encaminhado para um teste de laboratório, chamado Papanicolaou. Nele pode ser detectada a presença de infecções vaginais e de vírus (como o HPV, causador do condiloma e do câncer de colo de útero). Com isso, dá para saber a causa de possíveis **corrimentos** ou até descobrir problemas que não apresentavam sintomas.

> Corrimentos são secreções que aparecem na vagina que podem ser transparentes, brancas, amareladas, avermelhadas ou esverdeadas. Eles podem ser mais líquidos, leitosos ou gelatinosos, além de variar, desde inodoros, até um cheiro forte e azedo. Podem ou não ser acompanhados de coceira.

Teste:

Por que o exame Papanicolaou recebeu este nome?

a) Foi uma homenagem ao papa Nicolaou II, que liberou os exames ginecológicos.
b) Originalmente, os médicos chamavam as verrugas genitais de nicolaou; como o teste apontaria a presença destas verrugas, era o papanicolaou.
c) O inventor do método foi o fisiologista grego Georges Papanicolaou.
d) Em aramaico, papanicolaou significa "vulva sadia".

Resposta: c) O inventor do método foi o fisiologista grego Georges Papanicolaou.

Em 1923, estudando as mudanças provocadas pelos hormônios no útero, o fisiologista grego Georges Papanicolaou percebeu que uma das pacientes analisadas tinha células uterinas deformadas. A voluntária tinha câncer. Papanicolaou fez o mesmo exame em outras doentes e descobriu que aquele tipo de análise conseguia diagnosticar tumores. Ele só conseguiu despertar o interesse dos médicos para o exame vinte anos depois.

Se você ainda não transa e acha que por isso está livre de infecções e não precisa fazer exames, saiba que está tremendamente enganada! Nem todas as infecções ginecológicas são causadas por doenças sexualmente transmissíveis. Algumas, como já falamos, aparecem por causa de erros na higiene pessoal (passar o papel de trás para a frente, trazendo bactérias do intestino para a vagina). Outras são causadas por fungos que já existem normalmente no organismo, mas só começam a fazer um estrago quando a saúde em geral não vai bem e o sistema imunológico (de defesa) não está funcionando a todo vapor. Aliás, você sabia que o uso de antibióticos para cuidar de outras doenças pode acabar gerando corrimentos? Isso porque o antibiótico acaba "matando" pequenos organismos que protegem a vagina (flora vaginal), propiciando o desenvolvimento de fungos, por exemplo.

Infecções adquiridas na piscina, na praia ou no compartilhamento de roupa íntima também podem causar corrimentos. Outra possível causa são as alergias, que podem ser desencadeadas pelo simples uso de sabonete na região genital ou até por produtos de limpeza usados na lavagem de roupa.

Seja qual for o motivo do seu corrimento ou da sua coceira, o ideal é procurar um médico para que ele indique o tratamento adequado. Automedicar-se pode ser uma grande roubada! Muitas vezes você pode piorar o problema, porque, além de não tratar a causa certa, acaba criando "resistência" no causador da doença, que fica mais forte e mais difícil de ser exterminado.

Secreções naturais

Nem todo corrimento é sinônimo de doença. A mulher produz normalmente algumas secreções que fazem parte do funcionamento saudável do organismo. Geralmente são secreções incolores e inodoras, que você pode perceber no papel higiênico ou até na sua calcinha. Essa secreção pode ser o corrimento da ovulação – nem toda mulher tem, mas algumas eliminam um muco gelatinoso no meio do ciclo menstrual, quando estão ovulando. Outra possibilidade é que a garota confunda corrimento com a lubrificação da vagina. É natural que você sinta a lubrificação aumentar quando dá um beijo mais empolgado ou recebe algum tipo de estímulo (como assistir a imagens eróticas num filme).

CAPÍTULO 11

Toques finais

> Depois de conhecer um pouquinho mais o seu corpo e as mudanças que estão acontecendo, é hora de viver numa boa com ele, sem preocupações com modismos e padrões de beleza.

De bem com seu corpo

Ufa!!! Nas últimas páginas você deve ter ficado quase sem fôlego com tantas informações que leu sobre o corpo das garotas e todas as transformações que acontecem nessa fase tão intensa, que é a adolescência.

É muito importante que você fique "por dentro" de tudo isso. O corpo da gente é a máquina mais incrível e sofisticada que existe, e é pouco provável que algum dia o homem consiga criar algo tão perfeito.

Mas esse corpo é tão cheio de detalhes e mudanças, que vale a pena saber um pouquinho mais sobre o que acontece com ele. Dessa forma, alguns medos e angústias são vencidos e outros tantos podem ser evitados.

Em algum ponto da sua vida as transformações vão começar. E não adianta ter pressa nem querer retardar o processo. Cada um tem seu ritmo e seu tempo. Se você ainda não começou a se desenvolver, calma. Mais um pouquinho o sinal fica verde. Se você já começou, também vale a pena ter paciência.

As mudanças, às vezes, assustam e deixam as garotas insatisfeitas com as novas medidas e proporções. Mas tem de lembrar que leva um tempinho para as mudanças ficarem mais harmônicas e você se acostumar com sua nova imagem.

Não vale esquecer também que as pessoas são diferentes. Uma garota pode ser mais alta, mais baixa, ter mais peito, menos peito, ser mais "cheinha", ou mais magrinha, e isso é uma característica própria, individual, que não torna ninguém melhor ou pior do que o outro.

Temos de acabar com essa ditadura de que só existe uma forma e um padrão de beleza para todo mundo! Em um país como o Brasil, em que vários povos se misturam, deve haver mesmo variação e diversidade. Isso é o que torna a gente mais saudável e mais bonito!

Para as garotas, este livro ajuda um pouco a organizar o turbilhão de coisas que estão acontecendo ou para acontecer. Para os garotos, o livro ajuda a conhecer um pouco mais os mistérios do sexo oposto, o que também é bem importante para que os futuros casais se entendam melhor.

Recado final para as garotas: não dá para passar por tudo isso sem o apoio e a ajuda de um ginecologista. Ele é o seu grande aliado daqui para a frente. Não hesite em buscar ajuda e informação. Boa sorte!

Sobre o autor

Jairo Bouer é médico formado pela Faculdade de Medicina da Universidade de São Paulo, com residência em psiquiatria pelo Instituto de Psiquiatria da USP. A partir do seu trabalho no Projeto de Sexualidade do Hospital das Clínicas da USP (Prosex), passou a focar seu trabalho no estudo da sexualidade humana. Hoje ele é referência no Brasil, para o grande público, quando o assunto é saúde e comportamento jovem, atendendo às dúvidas através de diferentes meios de comunicação. Profere também palestras em todo o país, em universidades, empresas e grandes eventos oficiais abertos ao público.

Além da prática de consultório, Jairo Bouer mantém programas na TV (quadros no *Fantástico* da Rede Globo e no Canal Futura, da Fundação Roberto Marinho) e em rádios brasileiras (programas *Sexo Oral* e *Papo Aberto*, da Rádio 89 FM de São Paulo e retransmissoras por todo o país). Escreve no jornal *Folha de S. Paulo* há 11 anos, além de colaborações mensais em revistas e sites.

Por sua atuação nesta área, foi consultor do Governo do Estado de São Paulo para o projeto "Prevenção Também se Ensina", que incluiu mais de 4.500 escolas públicas. Em 2001 lançou, em parceria com o jornalista Marcelo Duarte, *O Guia dos Curiosos – Sexo* pela Companhia das Letras e, em junho de 2002, lançou nova publicação para esclarecimento de dúvidas sobre sexualidade do público adolescente, *Sexo e Cia.*, pela Publifolha.

Em 2002, ganhou o prêmio Destaque Saúde, outorgado pela Organização Panamericana de Saúde, em seu 100º aniversário.